AF435625

* 9 7 8 9 9 4 8 0 4 2 2 5 9 *

أسئلة في الشّعر

أحمد المباركي

أسئلة في الشّعر

كتابات نقديّة

إصدارات دائرة الثّقافة، حكومة الشارقة 2022 م

الناشر: دائرة الثقافة ـ حكومة الشارقة ـ الإمارات العربية المتحدة

الهاتف: +971 6 5123333

البرَّاق: +971 6 5123303

الموقع الإليكتروني: www.sdc.gov.ae

البريد الإليكتروني: sdc@sdc.gov.ae

____

811.9611
م أ أ
المباركي، أحمد
أسئلة في الشعر / أحمد المباركي.ـ الشارقة، الإمارات العربية المتحدة : دائرة الثقافة، 2022.
168 ص؛ 21X14 سم.
1 – الشعر العربي – تونس
2 – الشعر العربي – دواوين وقصائد
ب – العنوان
ISBN: 9789948042259

الإهْـــــداء

إِلَى قَلْبِ كُلّ شَاعِرٍ وشَاعِرَةٍ قَدْ طَلَّقَ الحَيَاةَ حِينَ تَزَوّجَ القَصِيدَةَ.

المقدّمة

بقلم: محمّد بوحوش*

هذا الكتاب، «أسئلة في الشّعر»، لصاحبه الأديب أحمد المباركي، هو ثمرة جهد مرموق في حقل الشّعر وأسئلته الحارقة. لعلّ أبرز ما تضمّنه هو تلك الدّراسات الّتي أنجزها المؤلّف في مجال الشّعر بصفة عامّة، حيث تعرّض إلى موضوعات نادرة تتعلّق بفنّ الشّعر واللّوحة، والشّعر واللّغة، والشّعر والإعلان، لينتقل بنا إلى مباحث تطبيقيّة أخرى، وقراءات تسلّط الأضواء على تجارب شعريّة تونسيّة، بالخصوص منها فنّ الأقصودة لدى الشّاعر التّونسيّ مهدي غلّاب من خلال كتابه «أشتكي للقمر»، والمغاني والمباني والتّناصّ في نصّ طويل للشّاعر محمّد عمّار شعابنيّة، والكون الشّعريّ في ديوان «حديث الصّمت»، للشّاعرة وداد حبيب. وبحث آخر في تجلّيات الوطنيّة مغنى ومبنى في شعر ابن الواحة نموذجاً، إضافة إلى قراءة في ديوان الزّمن المعتوه للشّاعر يوسف حنّاشي.

هو إذن كتاب يجمع بين دفّتيه قراءات ودراسات، تبحث في

الإبداع الشّعريّ التّونسيّ من زاوية المعجم والإيقاع والدّلالات، فيقدّم من خلاله إضاءات وإضافات للمدوّنة النّقديّة العربيّة من منظور النّقد العارف والمتمكّن، خاصّة إذا ما أخذنا بعين الاعتبار أنّ مؤلّف هذا الكتاب هو في الآن نفسه شاعر وقاصّ وناقد، جمع بين أنواع أدبيّة شتّى، فأبدع وأمتع، وقدّم للقارئ العربيّ وللمهتمّين بنقد الشّعر مرجعاً مهمّاً في مجال استطلاع الظّاهرة الشّعريّة التّونسيّة، بما يسهم في إشعاعها وترويجها وتسويقها عربيّاً لغاية التّعريف بها، وسبر أغوار مضامينها وأشكالها ومدى شعريّتها.

لا يزعم مؤلّف هذا الكتاب بأنّ ما قام به يتنزّل ضمن النّقد الأدبيّ الأكاديميّ الصّارم بمناهجه ومصطلحاته ومرجعيّاته المدرسيّة، وإنّما هو مقاربة من الكاتب للشّعر التّونسيّ من زاوية القراءات العاشقة، أو الدّراسات الّتي تجمع بين ما هو أقرب إلى صفة الأكاديميّة، وبين ذوق القارئ المولع باستكشاف المتميّز والمحدث في الشّعر التّونسيّ والعربيّ.

هكذا، جاء هذا الكتاب ليعانق أشكالاً شعريّة مختلفة من القصيدة العموديّة إلى قصيدة التّفعيلة، فقصيدة النّثر، وأنواع أخرى مستحدثة تلامس ما يسمّى بنصوص الهايكو والأقصودة وقصيدة الومضة.

هو إذن متن نقديّ متميّز ينتقل بنا من العامّ إلى الخاصّ، أي من تناول قضايا الشّعر عامّة لدى الشّعراء القدامى والمعاصرين، إلى استقراء الشّعر من خلال نماذج تطبيقيّة اشتغل عليها الكاتب، ليقدّمها للقارئ وللمهتمّين بالشّعر وقضاياه، عسى أن تنير بعض التّجارب الشّعريّة التّونسيّة، وتحلّق بها عربيّاً إلى آفاق أرحب.

____

* شاعر وقاصّ وروائيّ تونسيّ.

التَّصْدِيرُ

القصِيدَة بِنْتُ الرِّيحِ والضَّوْءِ والعَواصِفِ والنَّارِ.. صَوْتُهَا صَهِيلٌ.. وَهَمْسُهَا زَمْجَرَةٌ.. وَعَيْنَاهَا لَهِيبٌ.. فكيْفَ الإمسـاكُ بِهَـا؟!

عن الأديب الليبيّ جُمعة الفاخريّ عن الشّعر – ج 2

الشّعر اللّغة / الشّعر اللّوحة

إنّ القريحة مثل الضّرع يدرّ بالامتلاء، ويجفّ ويغرز بالتّرك والإهمال

(مقدّمة ابن خلدون، ص 746).

أخــا ســفـر جــواب أرض تقاذفت

بـــه فلـــوات فهــو أشــعث أغبر

(عمر بن أبي ربيعة)

يحزم الشّعر أمتعته ويرحل.. يرحل دون استئذان ولا وداع، يمتطي أول جواد يعترض سبيله، لا يخشى الأعادي، ولا تتعتعه العبرات ولا رعشات المودعين، ولا يأبه بالآهات والصيحات، فله ما يكفيه من الزاد في رحيله المفاجئ طلباً للخلود، وكذا سفر «الأبطال» في بحثهم عن البطولات والملاحم، في اضطرابهم وتوترهم، ولكن ترحالهم سرمدي دؤوب.

والنص الشعري بطل همّه السفر، يحلّق في «أكوان الشعراء» يأخذ أطايبهم، يقتات من قرائحهم، يجلس إلى مائدة امرئ القيس تـارة، ويقبع في مملكة أبي تمام تارة أخرى، ويحط رحاله عند المتنبي ليودعه إلى شوقي وحافظ والشابي، ويمر مسلّماً على السياب ودرويش وقباني، ويكثّر عن أنيابه أمام بنيس بالمغرب، وأدونيس وسعدي يوسف بالمشرق، وقد يسامر الوهايبي والغزي بالقيروان، ويناجي محمد بوحوش ومبروك السياري وسالم شرفي وهندة محمد وغيرهم بالجنوب التونسي، ويواصل حزم أمتعته إلى غيرهم، أو

إلى جهة غير معلومة، حتى لتتخطفنا الظنون، ويهدنا السؤال: حتام الرحيل؟! وهل يمكن أن يستقر أو يطيل الإقامة كسابق أمره؟! بل هل يمكن أن يتبخر هذه المرة فيتحول إلى ضباب لا يمسك؟!

ومن هنا جاءت المداخلة لتبحث عن سفر الشعر، وتكشف عن المحتجب، وقد تقف محيارة متسائلة عن مصيره ومستقبله، خاصة أنه ينتقل من ضفة اللغة إلى ضفة اللوحة، أي من «الكلام» وما يصاحبه من أخيلة ورنين وأمطار من الوجد، إلى الرسم وما يحف به من الدهشة والحيرة والبريق.

والآن إلى الضفة الأولى:

1 – الشّعر اللغة:

(عندما كنت صغيراً كنت ألهو الكلمات – منوّر صمادح).

يقول الشاعر التونسي نور الدين صمود في ديوانه «الشعر شمس القرون» (بحر البسيط):

مـــا الشّـــعر إلا مخـــاض كلـــه ألم

لا تنجــب الأم إن لـــم تنتقض وجعا

كذا الشعر أوجاع يتكبدها الشاعر و«إلف هموم» متراكمة يكون ناظم الدرر، يفجر طاقات اللغة، يمتح من الموروث الأدبي وغيره، ويستشرف على مدارات الرعب والجنون، ويؤسس باللغة عوالم سحرية، أفليس الشاعر «أمير كلام» كما قال الفراهيدي، يشيد

14

الممالك بالكلمات، وفي الكلمات يموت حرقاً وأرقاً، في زمن الصقيع يتخذ الشعر دثاراً، ولا عجب أن يهتم باللغة «فولادة النص تبدأ في اللفظة التي تمارس فيها اللغة سلطتها الرمزية، وتنفتح على إمكانات جديدة، ومن هنا تنهض اللغة من ركام الذاكرة وفوضى الأشياء في عالم الفجيعة؛ لتؤسس كيانها بخصوصية قولها». يقول عنترة متغزلاً بابنة عمه عبلة (بحر الطويل):

ويطلع ضـــوء الصبح تحت جبينها

فيغشاه ليل من دجى شعرها الجعد

فالشاعر لا يرسم امرأة تسير على قدمين، وإنما يومئ إلى امرأة شعرية، حيث الصبح يمتح من جبينها فيزداد ضياء ورفعة، وحيث الليل يجيء «على استحياء» طالباً بعض السواد ليقبع على كرسيه حذو أخيه الصبح، كما قبع في هذا البيت «العنتري». وأما رأس الشعراء الجاهليين فإنه يحول الليل إلى جمل مخيف يجثم كما الجاثوم على الشاعر في قوله: (وأردف أعجازاً وناء بكلكل)، ثم تأمل فرسه مطية الشاعر نحو الخلود (بحر الطويل):

لـــه أيطـــلا ظبـــي وساقا نعامة

وإرخـــاء ســـرحان وتقريـــب تتفل

إنه جامع لأعضاء حيوانات تضمّها الصحراء (الظبي/ النعامة/ الذئب/ الثعلب)، ولكن الطريف أن يجمع صفة العدو عند هذه الحيوانات كلها، فلا يمكننا إلا الهتاف بأنه «فرس الشعر» أو «فرس القصيدة» يرحل بالنظم في فيافي العباقرة، وأما أبو تمام فإنه يجعل

القصائد عذارى تزف إلى ممدوحه، وقد يرثي حظهن في قوله على (بحر الخفيف):

يا عـــذارى الكلام صرتــن من بع
دي صبايــا تبعن في الأسـواق!!

والشعر الصوفي أشد إقفالاً للغة، يبعثرها ويجمعها فتتحول الخمرة إلى نشوة الصوفي تسكر قبل «أن يخلق الكرم»، وتتحول المعشوقات العربية إلى رموز للذات الإلهية «تضيق العبارة إذا اتسعت الرؤيا» حسب تعبير محمد بن عبد الجبار النفري، حتى يضطر الشيخ الأكبر محيي الدين بن عربي إلى شرح ديوانه تحت عنوان «ذخائر الأعلاق شرح ترجمان الأشواق» يقول على بحر الطويل:

ومـــن عجب الأشـــياء ظبي مبرقع
يشـــير بعنـــاب ويومـــي بأجفـان

فشعره لا يملك مفتاحه إلا من تلظى بنيران الشاعر، ولعل الشعر الحديث في رحلته السردابية قد امتطى جواد المتصوفة (انظر تجربة عبد الوهاب البياتي خاصة)، فكانت اللغة مترعة أخيلة ورموزاً ماتحة من القرآن والأساطير اليونانية وغيرها، تزدحم فيها النصوص لتشكل نصاً له آباء عديدون، قال الشاعر التونسي جمال الصليعي في قصيدته الشهيرة «وادي النمل» على بحر الكامل:

هذي أكـــف السـامري تناسلت
اليـــوم تمطـرك السـماء عجولا

إنه بيت يجمع أرق الحاضر وفضيحة الماضي، فما «السامري» و«العجل الإسرائيلي» في سورة طه إلا إيحاءات الفضائح المعاصرة والأوثان الجديدة التي تسري بين الجموع المهزومة المأزومة التي تدعونا إلى الوقوف طويلاً حتى يملأ الخوار رؤوسها ذلاً وصغاراً وهواناً. ومن هذا المنطلق فالشعر الحديث قائم على ركام اللغة المتشظية تشظي نفسية الشاعر المعاصر، فيخلق أواصر غير مألوفة وينجز علائق غريبة لامألوفة:

كان دمي مثل ماء الينابيع أبيض (سعدي يوسف)/ أمشي على ورق الخريطة خائفاً (نزار قباني)/ أنا الغرق – كلب على الشباك في فمه القمر (معين بسيسو)/ في عالم يلبس وجه الموت (أدونيس)/ ما طعم الشعر (مهدي بن نصيب)/ عوى الفراغ – صفرها الأعمى (جمال الصليعي)/ وأنت يا جملاً يجتر دورته (محمد الغزي)/ لن يسمعوا إلا رعود زلازلي – وسقطت قربك فاضرب بي عدوك لا مفر (محمود درويش)/ عيناك غابتا نخيل ساعة السحر – عيناك حين تبسمان تبسم الكروم (بدر شاكر السياب)/ والدم ورد يتسلقني (محمد بنيس).

فالصّورة الخفية تستفز القارئ فيسعى إلى محاولة فهمها في قراءة أركيولوجية كأنما هي ألوان مسمارية تتضمن كتابة سنسكريتية ملغزة، ومن هنا تكون الغرابة غير منفرة للقارئ العربي، وإنما تحثه الصور الشعرية على تحقيق التواصل مع النص، ولكن الغرابة قد تتحول إلى إبهام يعرفه الناقد العربي عز الدين إسماعيل في كتابه «الشعر العربي المعاصر: قضاياه وظواهره الفنية والمعنوية» (ص 189 – 192) بأنه يتصل بالبنى التركيبية التي تجعل النص «قولاً

مقفلاً»، وأما الغموض فإنه يفسح للشاعر أبعد مدى، ولعل أستاذنا محمد الهادي الطرابلسي يفرق بين نوعين من الغموض: «غموض البناء» الذي يضيف طاقات جديدة النص الشعري و«غموض الهدم» ويقصد به التعمية والتضليل والالتباس، ويتولد عن قصور في الرؤية، وإذا كانت اللغة قد ولدت صوراً جديدة في شعرنا الراهن، فإنها كذلك أنتجت إيقاعات طريفة مخالفة للسنن القديمة فتشظت اللغة على صفحات القصيدة، وتنوعت الإيقاعات، فأمسى الإيقاع الداخلي ديدن الشعر وتنوعت القوافي، فلا يلتزم شاعرنا بقافية القصيدة العمودية برويّها الموحد، بل قد يعمد الشاعر إلى ترداد نفس القافية محسناً ظاهرتي الإقواء والتدوير اللتين كانتا مستكرهتين في الشعر القديم مثل قصيدتي: «المجلس البلدي» لمحمود بيرم التونسي، وقصيدة «كلمات» لشاعرنا الجريدي منور صمادح، فلا عجب أن تضج الأصوات القصيدة ساعتها بكلمات مكرورة وحروف متجانسة أو أوزان مختلفة، أفليس الاختلاف ضرباً من الإيقاع يكسر رتابة الإيقاع المتجانس، فلنتأمل جمال الصليعي في قوله على بحر الوافر:

أنـــا المشـــغول بالأيـــام أمضـــي

إلــى زمــن وبــي زمــن عقيــم

وانظر إلى الكلمات المتجانسة «مادة» أو «صوتاً» فالمتجانسة مادة (زمن – زمن) والمتجانسة صوتاً (إلى – أنا – وبي/ مشغول – أيام).

وكيفما قلبت هذه الكلمات تدرك بيسر الحرف الشفوي المكرور الدال على الحرقة التي تجاوزت قاع القصيدة إلى شفة الشاعر من

أقصى الحلق إلى شفة المتلقي (أنا/ الهمزة – عقيم/ الميم).

ولكن ما يجب ملاحظته أن الشعر لا يستقي سحره من الكلمة فقط، بل بما يصاحبها من مقامة أو عجيب إلقاء وبديع إنشاد وقد علم المتلقي العربي القديم ذلك فقال: (أنشدنا قصيدتك – قصد شاعرنا القصائد) إيماء إلى الترنم والتغني والإلقاء، ويثبت النقاد أن الخنساء «تماضر السلمية» كانت تنشد أشعارها وهي تتلوى في حركة لولبية، وكذا جرير بن عطية التميمي وركضه أو إلقاؤه على ساق واحدة أثناء هيجان الشعر عنده، وكأن يتزيا بعض الشعراء باللباس الأحمر رمزاً للحرب والقتال، وكذا «تخضيب حسان بن ثابت، شاعر رسول الله – عليه السلام – لعنفقته حتى يتراءى كأسد والغ في دم» حسب تعبير الأصفهاني في «الأغاني»، وكذلك المتنبي في إنشاده المزلزل واستعداده لذلك، وفرضه سنناً على مستمعيه كالجلوس ونحوه.. وكذلك شاعرنا التونسي جمال الصليعي من خلال حفظه لأشعاره وإشارات يده وقسمات وجهه وصوته المجلجل بحروف مفخمة مثلاً.. وليس من عجب أن يكون الشاعر العربيّ إنشاداً متزوداً كأتم ما يكون التزود بعلم الصوتيات (مخارج الحروف وصفاتها) فحقق الإمتاع للأذن والمخيلة.. وعليه فإن الشعر عندما ارتاد مدارات الإبداع باللغة حقق الأعاجيب. ومهما يكن من الأمر فإن الشعر سفر في اللغة وباللغة، وكيفما كان الشاعر «ينحت من صخر أو يغرف من بحر» حسب تعبير بعض النقاد القدامى، فإنه ارتاد مدارات الرعب والدهشة وحقق الأعاجيب.. ولكن هل تفقد «اللغة» مكانتها أمام سلطة «اللوحة» في باحة القصيدة؟؟

فلنتابع معاً رحيل شعرنا العربي إلى الضفة الثانية.

2 – الشّعْر / اللوحة :

إن القصيدة ليس ما كتبت يدي   لكنها مـــا تكتـــب الأهداب

(قباني)

اخترق الشعر – كما أشرنا سلفاً – جدار الصمت وحاور المحظور المسكوت عنه، وأنبت إيقاعات جديدة، ولا عجب أن يصاب بالإعياء في سفره، فيجدد العزم ويلملم الثوب، ويتجاوز اللغة إلى اللوحة بعد تعب كبير وعمل جبار، كما يقول شاعرنا التونسي جمال الصليعي على بحر الكامل:

ألقت معاولهــا الحروف وغمغمت

خـــرت وأنهكهــا الوقـــوف طويلا

وعلاقة الشعر بالفنون قديمة، فها هي الإلياذة والأوديسة اليونانيتان ترسمان الملاحم والبطولات، فلا عجب أن يكون الشعر «ديوان العرب» أي الدفتر المسجل للأحداث والجامع بين الأحياء والأموات في المدح والرثاء والفخر، الهاتف باسم المحبوب في الغزلية، والمسرد للأمكنة المرتادة (المألوفة – غير المألوفة – المحبوبة – المخيفة)، أما إذا أردت تبين السرد والقص فيه فعد إلى أشعار عمر بن أبي ربيعة خاصة، وغزليات أبي نواس، أو مسرحيات أحمد شوقي الشعرية، وأما احتواؤه للموسيقى فذلك بديهي؛ لأن الإيقاع يسري في شرايينه وعروقه إن لم نقل إن الموسيقى تمتح من الشعر، ولك أن تلاحظ ذلك دون عناء في كتاب «الأغاني» لأبي الفرج الأصفهاني، وأما الصورة فمبثوثة مستقاة من خيال الشعر من وادي عبقر تجلبها شياطين الشعر

وتزفها إلى الشاعر كما العروس (انظر كتاب جمهرة أشعار العرب لأبي زيد القرشي مثلاً). ولكن الشعر الحديث لم يعد مقتصراً على العلامة اللغوية «وإنما أمسى يخبر وسائل جديدة في التعبير وأشكال طباعة مستحدثة؛ بسبب هيمنة الفنون البصرية واتساع حضورها في عصرنا إلى درجة باتت فيها الصورة تنافس اللغة متجاوزة جمالية القصيدة الكلاسيكية، فلا غرابة أن تنمو العلاقة بين الشعر والرسم من خلال التشكيل البصري للقصيدة أو لعبة البياض والسواد»، يقول بول فاليري: «الشعر لون من الرقص بالكلمات، ونظام من الأفعال لها هدفها في حد ذاته»، ويبتدئ هذا الرقص بالكلمة بالعنوان الذي هو نص أصغر، إذ يحدد ويومئ ويمنح النص الأكبر قيمته ويفتح «شهية القراءة»، وهو تأشيرة عبور إلى فضاءين: فضاء أسود (الكلمات)، وفضاء أبيض (الفراغ)، ولكنه محفوف بأمواج من الدلالات «فالهندسة البصرية نصف المعنى، فكيف لنا تحليل نصف قصيدة بتفسير نصف المعنى، ونتجاهل الآخر بتجاهل فضائه البصري»، فالسواد انفعالات الشاعر وحالته المتوترة والبياض رمز للإخصاب، فإذا النص جامع للحياة والموت/ تناقضات الوجود، فتوزيع الكلمات على البياض يجعل الدلالات تتراكم، فالسطور الغليظة والنقاط المسترسلة فاضحة لظى المعاناة، والتشكيل الخطي تكسير للرتابة الخطية نحو تموج وتقلص وامتداد واندفاع وارتداد وفق اتجاهات متغايرة، فيظهر إيقاع بصري غير مألوف يرتكز على المشهد المرئي، كما هو الشأن في الأنموذج المقتطف من ديوان «في اتجاه صوتك العمودي» (طبع سنة 1980م) للشاعر المغربي محمد بنيس (ولد 1948م بمدينة فاس) من قصيدة بعنوان «موسم الشهادة».

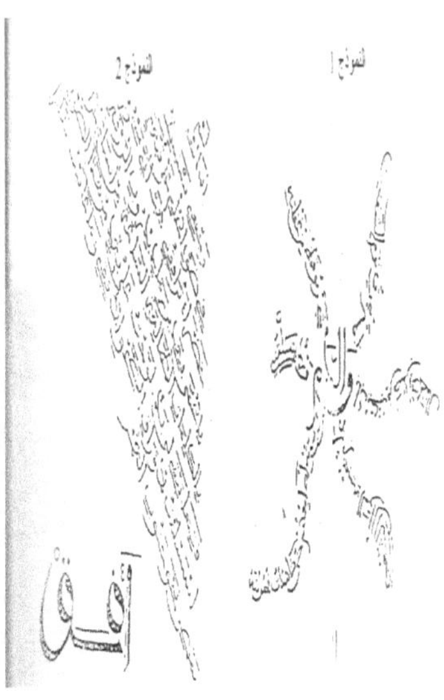

وهو أشبه بأخطبوط، وهو رمز لنزيف همومنا المعاصرة حسب تعبير الناقدة اللبنانية يمنى العيد، وقد يمتد البياض في بعض القصائد ويحيل إلى الموت، وهنا لا بد من قراءة خاصة لهذه القصائد؛ لأنها مزعجة مدهشة في التصوير «فإذا كان القارئ عليلاً بفقر اللغة والذوق والمعرفة فسيصاب النص بالضمور والانزواء التاريخي، حتى يقيض الله لنا من ينفخ فيه، فيجدد أواصر القربى بين القارئ وشعر اللوحة».

3 – في رطب الشعر وأشواكه:

لقد قلنا – سلفاً – إن سفر الشعر في طريق المجد والخلود شاق، حيث يمر بأراض ملغومة، وأخرى مزروعة رياحين وأنواراً، ولعلنا لا نغالي في زاده وما حصل عليه من غنائم، ومن المعلوم أن سفرته

متواصلة طيلة قرون دون فتور، فلاحظنا نضجاً في الصور، ومتحأ من الأساطير والقرآن والتاريخ والمخزون الأدبي: «نثره وشعره»، يقول أبو تمام ماتحاً من سورة «النور» على بحر الكامل:

لا تعجبـوا ضربـي لـه مـن دونه
مثـلاً شـروداً في النـدى والباس

فـالله قـد ضـرب الأتـم لنـوره
مثـلاً مـن المشـكاة والنبـراس

ومتح بشار بن برد من الشعر والغناء، وجاء المتنبي فصارت القصائد أمثالاً تتلى، وهذا عبد الوهاب البياتي يستحضر صلوات المتصوفة، وهذا بدر شاكر السياب يستقي من الأساطير ومن سير الشعراء الغربيين (لوركا مثلاً)، وهذا محمود درويش يمتح من قصص العشق والملاحم في قصائده الفلسطينية، وهذا أحمد شوقي يمتح من أساطير اليونانيين والآداب المصرية القديمة، ومهما يكن من الأمر فإن الشعر قد اصطبغ بالمسرح والقصة والإيقاع العجيب واللوحة والواقع اليومي، فإذا القصيدة أمشاج تعبر عن هموم مختلفة عشّشت في أوكار شاعر مأزوم مهموم، وكذا دأب الشاعر منذ بداية أمره حسب تعبير الشنفرى (بحر الكامل):

وإلـف همـوم مـا تـزال تعوده
عياداً كحمـى الربـع أو هي أثقل

والشعر – وإن اجتنى من الأطايب في ترحاله – متعثر في خطوه لما تعترضه من أشواك وحصباء وطفيليات في مزارعه وأهمها

«اللفظة العامية» التي لوّثت سماءه، وأطفأت بريقه، وحولت الحرقة إلى صقيع مميت، ولئن رأى صلاح فضل وأمين نخلة بوجوب توشيح الشعر بالعامية، ولكننا ندعو إلى تأثيث الشعر بالفصيح مساندين جعفر ماجد الشاعر القيرواني في بيتيه الرائعين على بحر البسيط:

لن تعجز اللغة الفصحى التي فتحت

كل الحصـــون وسـادت منذ أحقاب

ولو كتبتم بها في المشــتري كتبت

لكنكــم هـا هنـا لسـتم بكتـاب

وكذلك اللفظة الأعجمية البكماء تنبئ بفاجعة النظم وهشاشة حصون الأمة، وأما الاعتكاف على «لعبة البياض والسواد» التي انتهجها بعض الشعراء، فإنها على طرافتها تذهب بسحر الكلمة والطاقة الإيحائية للقصيدة؛ ولذلك نرى أن المبالغة فيها ضرب من الترف الثقافي لعجز عن إدراك قدرات الكلمات، كما أن رحيل الشعر بين فنون مختلفة (رسم ــ سرد ــ سينما ــ الرقص ــ الغناء) قد يفقده ماهيته، ويذيب قدرة الكلمة على خلق العوالم، ومن هنا ينتحر الشعر ويخرس، فيتحول أشبه بجدارية بكماء، وكذا ارتحال الشعر العربي إلى عوالم أخرى مستأنساً بنظريات وفنون غريبة عنا (قصيدة النثر ــ نثر شعري ــ شعر سردي ــ قصيدة الهايكو ــ النص المفتوح...)، والحال أن القصيدة العربية متمردة ثائرة، ولكنها ــ في الوقت ذاته ــ تسعى إلى أن تحافظ وتتمسك بأنفاسها العربية وبلغة الضاد بإيقاعها وصورها وحرائقها.. والشعر ــ من هذه الزاوية ــ أشبه بإنسان

يتنفس، مارد ينفث دخان الغضب، كما قال نزار قباني على وتيرة البسيط:

لكنــه غضـب طالـت أظافـره

ما أجبن الشعر إن لم يركب الغضبا!!

وعموماً إن للشعر طريقاً معبدة رياحين وحصباء، وآن له أن تكون خطواته مدروسة محافظة على ماهيته، وإلا سافر به الواقع الدوار الموار العفن المرتحل، فلا نجد له مستقراً، وسافرت به فنونه المتغيرة دوماً إلى مكان سحيق أو يتبخر بين أقزام الحياة.

الخاتمة:

من أين أدخل في القصيدة يا ترى؟

وحدائــق الشــعر الأميــن خراب

(قباني)

بعد هذا السفر المضني حري بفارس المداخلة أن يترجل علّه يرصد بعض الحركات الخفية، وينصت إلى خفيض الهمهمات؛ لذا بعد الهرولة يكون هيّن الخطو، وبعد الركض في اللغة واللوحة وما يصاحب الشعر العربي من لهاث دؤوب، لزام علينا أن نرصد بعض الملاحظات وإن كنا لا ندعي الإلمام بقضّ العمل وقضيضه؛ لأنه بوابة مشرعة على بحوث تستغرق آلاف الصفحات، ومن منا أيضاً يملك العصمة من الخطل في يافي القصيدة؟

أ – الشعر محنة وجنون وعطاء من فطرة معطاء «كالغيث تسكاباً

ومثل النهر مندفعاً»، لذلك يصدر من قريحة العباقرة، ولا غرابة أن يعجز بعض فحول الشعراء عن صعود جباله وارتقاء قممه السامقة، قال الفرزدق بن غالب التميمي: «أنا عند الناس أشعر العرب، وربما كان نزع ضرس أسهل عليّ من قول بيت شعر». وقد صور سويد بن كراع هذه الصعوبة أو المأزق الإبداعي في بيته هذا على بحر الطويل:

أبيــت بأبــواب القوافـــي كأنمــا

أصادي بها سرباً من الوحش نزعا

ومن عجب العجاب أن يحسب بعض الشعراء القصائد «حماراً طيعاً كل طفل في البراري يركبه»، فاختفت بذلك الحرقة والمكابدة في نسج الأبيات.

ب – يشهد عصرنا هذا هيمنة الصورة على الكلمة، ومن هذه الزاوية يختفي سحر اللغة، وينضب الرواء الشعري فتأتي القصائد لحظتئذٍ مثاكيل عقيمة تصفع القارئ؛ لأنها «استحالت نثراً هزيلاً لزجاً» عابثاً بأوزان الخليل، ونحو سيبويه، وتصريف ابن جني، وبلاغة الزمخشري، بدعوى الحداثة وفقدان البوصلة وضياع آليات النقد أو انغماسه في المجاملات والمحسوبيات والإخوانيات.. والحداثة عند هؤلاء المتشاعرين الشويعرين القطع مع الماضي والمتح من الأوزان الغربية والفنون الشرقية (قصيدة الهايكو) دون غيرها.. والحداثة في نظرهم رفض الإرث العربي والدعوة إلى إماتته بكل السبل لتخلفه – حسب زعمهم – وعدم مسايرته لوتيرة العصر المتجددة.

وفي هؤلاء وأضرابهم يقول شاعرنا التونسي جعفر ماجد (1940م – 2009م) على وتيرة الخفيف:

أيهـا الشـعر لا تزدنـا بـلاء

وارفـع السـتر عن نبيـح الهراء

هاجمتنـا جحافـل مـن بغـاث

بـالـغت فـي رداءة الجـهـلاء

أتخمـوا الشـعر خسـة وابتـذالاً

وأطـاحـوا بـحرمـة الشـعراء

وادعـوا بالقصـور فتحـاً جديداً

أي فـتـح لـقصـر أدعـيـاء؟!

جـ – الشعر صورة للإنسان المعاصر فإذا بسق نخله ارتفع المرء فوق المحن، ونظر إليها هازئاً، وسار سير العمالقة بعيني طفل حالم فإذا ساد ساد ناسجه، ولما كان الإنسان – عصرنا – مهزوماً لا غرابة أن يجيء شعره على شاكلته (فالطيور على أمثالها تقع)، يقول الشاعر العراقي معروف الرصافي (1875م – 1945م) في قصيدته «العالم شعر» (ص 17) من ديوانه على بحر الطويل:

وما المرء إلا بيت شـعر عروضه

مصائب لكـن ضربه حفـرة القبر

وتنظمنـا الأيـام شـعراً وإنمـا

تـرد المزايـا ما نظمن إلـى النثر

وقلت وقد جاشــت غوارب عبرتي

ألا إن هذا الشــعر من أقتل الشــعر

د – يتحدى الشعر – اليوم – الموت في سفره طالباً الخلود رافضاً الدفن رغم محاولة قبره من خلال الإساءة إلى عالمه وزرع الطفيليات في مزارعه، ولكنه يظل «الملك والعوالم حوله حجاب»؛ لأن في أوصاله خلوداً وأي خلود! وبذلك يترنم شاعر تونس الخضراء أبو القاسم الشابي (1909م – 1934م) في حياته القدسية ببيته الشهير على وتيرة الخبب:

إن ســحر الحيــاة   خالــد لا يزول

– المصادر والمراجع:

1 – الأستاذ رضا بن حميد: في الخطاب الشعري الحديث من اللغوي إلى التشكيل البصري – مجلة الحياة الثقافية.

2 – الناقد عبد الرحمن القعود: في الإبداع والتلقي.. الشـعر بخاصة – مجلة عالم الفكر.

3 – الأسـتاذة زهرة حمدي: جاذبية الغموض في الشعر العربي المعاصر – مجلة الحياة الثقافية.

4 – جمال الصليعي: ديوان وادي النمل.

5 – نور الدين صمود: ديوان الشعر شمس القرون.

6 – الزوزني: شرح المعلقات السبع.

7 – ديوان الصعاليك.

8 – ديوان أبي تمام.

9 – معروف الرصافي: ديوان الرصافيات.

10 – أبو القاسم الشابي: ديوان أغاني الحياة.

11 – الأستاذ جعفر ماجد: نزار قباني في عيون النقاد.

12 – نزار قباني: الأعمال الشعرية الكاملة.

13 – محيي الدين بن عربي: ذخائر الأعلاق شرح ترجمان الأشواق.

14 – عبد الرحمن بن خلدون: المقدمة.

15 – منور صمادح: قصيدة كلمات/ المواقع الإلكترونية.

الإعلان والشّعر

توطئة:

هذه المداخلة مساءلة تتأجج بلهيب أسئلة كثيفة كثيفة، ومطلبها إقامة جسور من التواصل بينها وبينكم علّها توقد جمرة الحيرة والثورة، فالمعرفة بنت السؤال كما تعلمون، وطرح الأسئلة الحارقة عملية عسيرة تبدو في المتناول سهلة الجني والقطاف، فإذا هي «كسراب بقيعة يحسبه الظمآن ماء حتى إذا جاءه لم يجده شيئاً» (الآية 39 من سورة النور)، والمداخلة التي تلقى على مسامعكم قطباها: الإعلان والشعر وما يفصل بينهما، بل ما يتكئ بين تخومهما إلا حرف العطف (و) الساخر، ولسنا ندري أهو مقرب للأباعد، أم هو منفر ومبعد للأقارب؟؟!! ثم هل إن هذا الحرف اللعوب/ لغز الألغاز يتجاوز حدود الوظيفية فيحتل دلالات أخرى ومساحات جديدة من المعاني؟! ثم هل القطبان: (الإعلان والشعر) أخوان توأمان يسيران في ركاب المودة والوفاق؟! أم هما عدوان لا يجتمعان إلا في حلبة الصراع لا رابطة بينهما، أم هما وجهان لعملة واحدة تتماهى الحدود بينهما، وتتحد الوظائف؟!

هلموا إلينا ــ نعد على بدء ــ ندغدغ ثريا المداخلة/ العنوان

ونحاوره قليلاً علّه يضيء ببعض قبسات العتمات، منطلقين بداية بتعريف «الإعلان»، ثم تعريف «الشعر»:

ورد في «لسان العرب» لابن منظور الأنصاري الإفريقي، أن الإعلان هو: «المعالنة والمجاهرة وإظهار الشيء، وهو الجهر بالدين والقراءة وإظهار ما في النفس من أمور خفية، وعلوان الكتاب هو العنوان» (انظر لسان العرب، ج 13، ص 288 – 289)، وتعريفه بـ«المعجم الوسيط» (ص 625) هو «إظهار الشيء بالنشر عنه في الصحف ونحوها (محدثة)»، ولعل قاموس «المنجد في اللغة والأعلام» (ص 527) كان تعريفه أكثر إحاطة بالمسألة، فهو «ما ينشره التاجر ونحوه في الصحف السيارة أو في نشرات خاصة تعلق على الجدران أو توزع على الناس، ويعلن فيها ما يريد ترويجاً له...».

فالإعلان – في أبسط تعريفاته وأحدثها – هو ما يشهر له اليوم من بضاعة وغيرها في وسائل الإعلام كافة. وأمّا «الشّعر» في لسان العرب (ج 4، ص 410) فهو «منظوم القول غلب عليه لشرفه بالوزن والقافية، وهو القريض المحدود بعلامات لا يجاوزها، وصاحبه شاعر لأنه يشعر بما لا يشعر به غيره»،

إذن، فالعنوان قد جمع – في ظاهره – بين كلمتين أولاهما (الإعلان) محدثة، والأخرى (الشعر) مغرقة في القدم موغلة في التاريخ البشري، ولكننا ندرك أن الإبداع الشعري عامة إظهار ما كان مستوراً محتجباً عنا في مكنونات الشعراء وإخراج ما في النفس ليعلمه الآخر، ومن هنا يتحد قطبا العنوان الرئيس لمداخلتنا في بعض

الوظائف، فيظهر ان للناس وجهاً مشرقاً حتى يسيطرا على المتلقي أو المشاهد؛ ولذلك اقترنا بسلطات مختلفة: دينية – سياسية – اجتماعية – نفسية. وحقيق علينا أن نتساءل: هل إن العلاقة بينهما تتماهى فيضطلع الشعر بدور إعلامي باهر؟! ثم هل يمكن أن يحاكم الإعلان الشعر فيميت بعض أشجاره ويحيي ويحيي أخرى؟! أي كيف يقيم المحاكمة ونتيجتها؟!

ومن هنا نخلص إلى ذكر المحطات الكبرى لمداخلتنا التي بين أيديكم:

– الإعلان والشعر ووحدة الهدف – الشعر في محكمة الإعلان.

1 – الإعلان والشّعر ووحدة الهدف:

بداية، إن للإعلان أهمية كبرى منذ القدم، وقد أدرك المبدعون ذلك؛ لذلك رحلوا رحلات طويلة باحثين عن الشهرة والمجد والخلود وتطوير التجربة الإبداعية كما يرحل الأعرابي في فيافي العرب بحثاً عن مواطن الكلأ والخصب والنماء. فكان الشرق محط الرحال عند الأدباء والعلماء والعارفين من المغاربة والأندلسيين (ابن بطوطة – ابن خلدون – ابن عربي)، وكانت بغداد قديماً محط أنظار عديد الشعراء (الشريف الرضي – أبو العلاء المعري – المتنبي)، وكان الجاحظ في بداية أمره يؤلف الكتب وينسبها إلى عبد الحميد الكاتب (الأكثر شهرة) على أشهر الروايات حتى تلقى رواجاً، ولذلك اقترن الإبداع بالإعلان قديماً وحديثاً: ألم يكن لكل شاعر جاهلي راوية يذيع

شعره؟ ألم يكن ابن جني مروجاً المنجز الشعري للمتنبي، وكذلك كان المعري في احتفائه بشعر أبي الطيب في كتابه (معجز أحمد)؟ بل إن الإبداع قد يضطلع بدور إعلامي تسويقي لبضاعة ما حتى تطوف الجنوب والشمال، نعم تشهر القصائد للبضاعة فيقع ترويجها واقتناؤها واستهلاكها، وذلك لمكانة الشعر عند المتقبل، ومثال ذلك ما رواه الأصفهاني في «أغانيه» (ج 3، ص 33) قال:

(إنّ تاجراً من أهل الكوفة قدم المدينة بخُمُر فباعها كلها وبقيت السود منها فلم تنفق، وكان صديق للشاعر الدارمي «شاعر غزلي مكي توفي 772م»، فشكا ذلك إليه، وكان قد نسك وترك الغناء وقول الشعر، فقال: لا تهتم بذلك فإني سأنفقها لك حتى تبيعها أجمع.. ثم قال على بحر الكامل:

قُــل للمَليحــة بالخِمــار الأسْــود

مـــاذا فعلـــتِ بناسكٍ مُتعبِّــد

قــد كان شمَّر للصَّــلاة ثيابَــهُ

حتــى وقفــتِ لــه بِباب المسجِد

رُدِّي علَيــهِ صلاتــهُ وصيامَــهُ

لا تقتُليــهِ بحــقٍّ دينِ مُحمـد)

وعندما قدم إلى عاصمة الأغالبة ربيع 1995م قال مشهراً للقيروان ومعترفاً بجمالها وجلالها: «شكراً لمدينة القيروان»:

«شكراً لمدينة القيروان.. فهي أوّل مدينة عربية ترتكب فضيحة

حب الشّعر... وحب الشعراء... أول مدينة تكحل عينيها بقصائدنا وتعلقها كأسوار الفيروز في معصميها.. وتكتبها بماء الذهب على قميصها.. أول مدينة منذ العصر الجاهلي تعتبر القصائد أيقونات مقدسة، وتعلقها على جدران الكعبة أول مدينة ليبرالية تتزوج الشعر بلا مهر.. ولا وثيقة زواج، ولا شهود... ولا خواتم سوليتير...».

والشعر قد ارتبط بالسلطة، سلطة العشيرة في الجاهلية أساساً، فكان كثير من الشعراء يعبرون عن هموم القبيلة، فاختفت «الأنا» لتتماهى في المجموعة، فكان شعراء القبائل من أبرز الممثلين لهذا الاتجاه، كان طرفة بن العبد البكري في معلقته مروجاً بطولاته ظاهراً، وباطناً بطولات عشيرته:

إذا القوم قالـــوا من فتى خلت أنني

عنيـــت فلـــم أكسـل ولـــم أتبلـــد

ولســـت بحـــلال التـــلاع مخافـــة

ولكـــن متى يستـــرفد القـــوم أرفد

وإن تبغـــني في حلقـــة القوم تلقني

وإن تقتنصني في الحوانيت تصطد

أنا الرجل الضرب الـــذي تعرفونه

خشـــاش كـــرأس الحيـــة المتوقد

وكان مجايله الحارث بن حلزة اليشكري مفاخراً أيضاً بقبيلته بكر في معلقته، ومطلعها على وتيرة الخفيف:

آذنــتــنــا بـبـيـنـهـا أسـمـاء

رب ثــاو يـمـل مـنـه الـثـواء

وعمرو بن كلثوم مفاخراً بعشيرته تغلب في معلقته أيضاً في قوله على بحر الوافر:

إذا بـلـغ الـفـطـام لـنـا صبي

تـخـر لـه الـجـبـابـر سـاجـدينا

ملأنـا الـبـر حتـى ضـاق عنا

ومـــاء الـبـحـر نـمـلؤه سفينا

ونشرب إن وردنـا الماء صفواً

ويـشـرب غيـرنـا كـدراً وطينا

ألا لا يـجـهـلـن أحـد عـلـيـنـا

فـنـجـهـل فـوق جـهـل الجاهلينا

كما يروج الشعر تطلعات الدولة والسلطة الحاكمة، ولعل أبا الطيب المتنبي أبرز شاعر قد صور طموح الدولة الحمدانية في عصره (ق 4 هجرياً) في قوله على وتيرة الطويل:

يكلف سـيـف الدولـة الجيش همّه

وقد عجزت عنه الجيوش الخضارم

ويطلــب عند الناس ما عند نفســه

وذلـك مـا لا تدعيـه الضراغـم

إذا كان مـــا تنويه فعـــلاً مضارعاً

مضى قبل أن تلقـى عليه الجوازم

وقد اشتهر جرير والأخطل في البلاط الأموي، والمتنبي وبشار وأبو نواس وعلي بن الجهم وغيرهم في البلاط العباسي، والحسن بن هانئ الأندلسي في البلاط العبيدي الفاطمي.. ومن هنا كان أغلب شعرهم المدحي أو الرثائي تأييداً للسلطة السياسية وتقديمها في صورة مشرقة خالية من المساوئ (انظر مدحيات المتنبي لكافور الإخشيدي مثلاً) حتى لتتبدى الدولة/ دولة الممدوح في عين المادح ساعتها أشبه بـ«المدينة الفاضلة» عند الفارابي. وهناك في ضفة أخرى الشاعر يروج «البضاعة المذهبية» كما في هذا النصّ:

(يقال إن المعز لدين الله حين دخل مصر، قال فيه ابن هانئ الأندلسي قصيدةً كان مطلعها:

مـا شئت لا مـا شـاءت الأقـدارُ

فاحكـم فأنـت الواحـد القهـارُ

فكـأنـمـا أنـت النـبي مـحمـدٌ

وكـأنـمـا أنـصـارك الأنـصـارُ

وقتها قال أهل مصر المحروسة: «أول القصيدة كفر».. وصارت مثلاً يُضرَب عندما يبدأ شخصٌ ما أمراً ما بقولٍ أو فعلٍ خاطئ يجافيه الصواب). انظر شعر الخوارج الطرماح مثلاً.. فالشعر يشهر أيضاً للمذهب الفقهي حتى ينتشر، وما أسهم في نشر المذهب المالكي في شمال أفريقيا إلا الشعر، فقد نفح عن المذهب شعراء كثر استطاعوا

أن يجلبوا «الرأي العام» أو الجمهور حولهم، وأيدهم في ذلك الحاكم الأغلبي لحظتئذٍ، فبرز تلامذة يشهرون فقه مالك واجتهاداته الدينية في شعرهم في شكل «منظومات» حتى يتسنى حفظه من قبل الصغار المبتدئين، فكان الشعر التعليمي من أبرز ما مروج المذهب، قال ابن عاشر ــ على وتيرة الرجز ــ في متنه «المرشد المعين»:

وبعــد فالعــون مــن الله المجيـد

فـــي حفـــظ أبيـــات للأمـــي تفيـد

في عقــد الأشـــعري وفقـــه مالك

وفـــي طريقـــة الجنيـــد الســالك

كما كان أبرز مشهر للقراءة (التلاوة)، حيث اشتهرت قراءات الفرقان العظيم أربع معتمدة (حفص ــ ورش ــ قالون ــ الدوري)، وقد أعلن للقراءات السبع جمع من الأدبــاء أهمهم الشاطبي في «الشاطبية» في قوله على بحر الطويل:

جــــزى الله عنــا أئمــة

لنــا نقلوا القرآن عذباً وسلسـلا

فمنهـم بدور سـبعة قد توسطت

ســماء العلى والعـدل زهرا وكملا

بل إن ابن بري في كتابه «الدرر اللوامع» خص قراءة نافع بحظ أوفر، فشاعت أكثر من غيرها في البقاع الإسلامية، يقول على وتيرة الرجز:

40

سمـيتـه بـالـدرر الـلـوامـع
في أصل مـقـرئ الإمـام نافع

ومن هذا المنطلق روّج الشعر العربي مكتسبات القبيلة أو الدولة،
كما أظهر دواوين كثراً، ورفع أنظمة إلى القمة، وجعل لها بريقاً لا
يخبو، ونهراً من المجد متدفقاً لا ينضب، كما أشاد بمذاهب دينية
وأخرى قرائية للقرآن الكريم، فاستوعبت شرائح كثيرة وشعوباً
وفيرة، وقد ساعدته السلطة الحاكمة السياسية أو الدينية (أبو منصور
العباسي ونشره لآراء الفقيه مالك بن أنس – الظاهر بيبرس ونشره
المذاهب الفقهية الأربعة: المالكية والشافعية والحنبلية والحنفية،
ورفضه غيرها كالجعفرية ومذهب سفيان الثوري وأبي عيينة –
الإمام أحمد بن حنبل ونشره التربيع: الخلفاء الراشدين الأربعة مثلاً).
والشعر ما كان ليخطو هذه الخطوات الجبارة القادرة على تغيير
العقول والأهواء والميولات والمعتقدات لولا رديفه النقد، ولذلك
حري بنا أن نلحقه به، حيث كثرت مناهج قرائية وآراء نقدية أسهمت
في انتشار أشعار مخصوصة، فتأمل كتاب «العمدة» لابن رشيق
القيرواني كيف صور المتنبي وشعره في قوله: «ثم جاء المتنبي فملأ
الدنيا وشغل الناس»، ثم مل إلى كتاب «معجز أحمد» لأبي العلاء
المعري، لتنظر دون كبير عناء إلى الصورة الجذابة التي رسمها
للشاعر، والتي جعلت المتنبي شاعر عصره دون منازع، وقد تسهم
شخصيات براقة في تفخيم شعر شاعر دون غيره كتفضيل لبيد (شاعر
مخضرم) امرأ القيس، وتفضيل الفرزدق امرأ القيس وابن كلثوم
وزهير والأعشى والنابغة وطرفة ولبيد، وتفضيل الخليفة الثاني عمر

بن الخطاب زهير، وتفضيل عبد الملك بن مروان الخليفة الأموي النابغة، وقال الذين قدموا الأعشى هو «أمدحهم للملوك، وأوصفهم للخمرة، وأغزرهم شعراً، وأحسنهم قريضاً» (انظر كتاب جمهرة أشعار العرب لأبي زيد القرشي، ص 68)؛ ولذلك صنفت كتب في ذلك: ــ جمهرة أشعار العرب للقرشي ــ الشعر والشعراء لابن قتيبة. ــ طبقات فحول الشعراء لابن سلام الجمحي. ــ الموازنة للآمدي. ــ الوساطة بين المتنبي وخصومه للقاضي الجرجاني. وكتاب ابن طباطبا، وغيرها ترويجاً للشعر وتفضيل البعض على الآخر.

فبرزت بموجب ذلك أسماء شعراء نالت إعجاب أصحاب المصنفات والطبقات واختفت أخرى (انظر إلى قصيدة لامية العرب للشنفرى على جماليتها ومضاهاتها المعلقات، فإنك تفتقدها في المصنفات النقدية القديمة تقريباً)؛ ولذلك كان «النقد الأدبي» رديف الشعر كما كان الراوية (ابن جني مثلاً) رديفاً للشاعر (المتنبي).

وعليه كان الشعر معلناً للسلطة السياسية والاجتماعية والدينية والفنية أيضاً (ألم يسفه الشاعر جرير أشعار عمر بن أبي ربيعة قبل سماعه قصيدته.. فقال: ما زال هذا القرشي يهذي حتى قال الشعر، استنقاصاً لقصائده التي صيغت على بحر الرمل، وإجلالاً لقصيدته الرائية وبحرها الطويل):

أمـــن آل نعـــم أنـــت غـــادٍ فمبكر

غـــداة غـــدٍ أم رائـــح فمهجّــر

بحاجة نفـــسٍ لم تقل فـــي جوابها

فتبلــغ عــذراً والمقالــة تعــذر

تهـيــم إلى نعــم فلا الشــمل جامعٌ

ولا الحبل موصــولٌ ولا أنت تصبر

فلولا الشّعر ما كان للسلطة أن تستمر بين الجموع الهادرة المتقلبة، إنه أشبه ما يكون بالومضات الإشهارية التي تخلب الأنظار وتسلب العقول، فيظل متلهفاً من أجل تواصلها؛ ولذلك كانت السلطة عالمة بقيمة الشعر ودوره الإعلاني/ الإخباري، فأغدقت على الشعراء المنح والعطايا فأظهروها – اعترافاً بالجميل – في لبوس الجمال والجلال.. وما زالت السلطة تولي اهتماماً بالشعر ليسير في ركابها (فانظر جائزة نوبل للآداب ومدى ارتباطها بالسياسات الأوروبية، بل والتوجهات الفنية التي تسير في ركابها، فرغم جاذبيتها وأهميتها فإنها تكتظ بالعنصرية وسائر الأدواء الفكرية.. وانظر – مثلاً – أيضاً إلى أبرز المسابقات العالميّة الشعرية وغير الشعرية، فإنها – رغم منافعها المادية والمعنوية للأدباء – لا تستطيع أن تكون محايدة تماماً، أو ضد سياسة الدول المنظمة لها، وإن أظهرت في أحشائها هامشاً من الحرية).

2 – الشعر في محكمة الإعلان:

(وأنه هو أمات وأحيا/ الآية 44 سورة النجم)

يقيم الإعلان – رديف السلطة – محكمة للشعر، فيصدر أحكاماً لا معقب لها، فهو الخصم والحكم؛ ولذلك يرفع طائفة من النظام ويخفض أخرى، وعياله في ذلك السيطرة على الساحة، وليس عجيباً

أن يحيي شعراء والوه، أو على الأقل لم يصدعوا بمعارضتهم لتوجهه الفكري أو السياسيّ.

أ – إحياء طائفة من الشّعراء:

لقد استطاعت السلطة أن ترفع شعراء عاشوا في بلاطها: فبرز جرير وعمر بن أبي ربيعة وجميل بثينة وقيس ليلى والأخطل والحطيئة في العهد الأموي، وأبو تمام والمتنبي وأبو نواس في خلافة بني العباس، والنابغة والأعشى وطرفة في الجاهلية.. فرفعتهم إلى القمة وخلدت إبداعاتهم (وإن كنا لا ننكر تألقهم)، فإذا شعراء البلاط وأشباههم مبجلون تختفي مساوئهم، وتبرز محاسنهم، وإذا العلامات المظلمة في شعرهم تذوب وسط بريق التألق، فحتى «المدونات النقدية» التي تبرز «السرقات الشعرية» وهنات الشعراء لا تستطيع أن تذيب الشهرة وتسفه إبداعاتهم (انظر كتاب الوساطة بين المتنبي وخصومه للقاضي الجرجاني مثلاً)، وإليكم هذا الخبر من كتاب «الأغاني» لأبي الفرج الأصفهاني (ج 8، ص 254–255) لتعلموا كيف ترفع السلطة السياسية خاصة أحد الشعراء الموالين لها الذابين عنها:

«صنع عبد الملك طعاماً فأكثر وأطاب، ودعا إليه الناس فأكلوا.. فقام العذري بعد أن ذكر طعام البدو وأثبت أن أمدح بيت قالته العرب:

ألستـم خيـر مـن ركـب المطايا

وأنـدى العالميـن بطـون راح

وأفخره:

إذا غضبـت عليـك بنـو تميـم
حسبت النـاس كلهمـو غضابا

وأهجاه:

فغـض الطـرف إنـك مـن نمير
فـلا كعبـاً بلغـت ولا كلابا

وأغزله:

إن العيـون التي فـي طرفها حور
قتلننـا ثـم لـم يحييـن قتلانا

وأحسن تشبيهاً:

يـرى نحوهـم ليـل كأن نجومـه
قناديـل فيهـن الذبالـى المفتـل

فأجازه عبد الملك بن مروان الأموي وجرير صاحب الأبيات جميعاً، وخرج العبدي وفي يده اليمنى ثمانية آلاف درهم، وفي اليسرى رزمة ثياب». فليس من عجب أن تجعل السلطة شاعراً واحداً يتألق في كل المعاني الشعرية المختلفة، إنه الإعلان حين يرفع أقواماً فيمسون أحياء خالدين، بل العصر كله قد يتسمى باسمهم؛ ولذلك قد يحيي الإعلان أمجاداً موهومة مزعومة وأمجاداً قد نجد خيراً منها (تأمل شعر جميل بن معمر العذري وقارنه بقريض مجنون ليلى

في الغزل، وانظر إلى شعر أبي العتاهية وقارنه بشعري عمر بن الفارض سلطان العاشقين أو السهروردي في الزهد)، وفي عصرنا الراهن برز كثير من الشعر الحديث – تهافته – جراء ألوان الديوان وطبعته الأنيقة الراقية، أو مقدمته الظريفة، أو ومضة إشهارية، أو ارتباطه بأغنية (خذ أشعار محمد الصغير أولاد أحمد فإنها مجهولة كلماتها حتى عند عاشقيه ما عدا قصيدته «أحب البلاد» التي نشرت كأغنية وطنية. وخذ أيضاً أشعار أبي القاسم الشابي – رغم شهرته إعلامياً – فإنها مجهولة عند الجماهير باستثناء البيتين اللذين أدرجا في النشيد الوطني التونسي. وخذ روائع منور صمادح فإنها مجهولة ما عدا بيته الشهير الذي تبناه معارضو بورقيبة:

شـــيئان في بلــدي قد خيبــا أملي
الصدق في القول والإخلاص في العمل

ب – إمـاتة بعض الشّعراء:

في محكمة الإعلان يتضاءل الشعر، ويسفه الشعراء المتمردون (انظر موقف السلطة الأموية من الفرزدق: ينحت من صخر دلالة على فقدانه الرواء الشعري)، وكذلك شعر الصعاليك لم يصنف ضمن الطبقات ولا المصنفات المعتمدة، فلم يشهر له ولم يحفظ شعرهم إلا «للتفكه والتندر، وإلا لماذا لم تجعل لامية العرب للشنفرى ضمن المعلقات؟! ألأن الشعر العربي ابتدأ بملك وانتهى بآخر حسب تعبير بعض النقاد القدامى؟!».

نعم.. صادر الإعلان الإبداع الشعري وخنق الأصوات وأقصى

كثيراً من القريض، فاختفت أصوات كثيرة (دعبل الخزاعي – الكميت بن زياد – تأبط شراً – الطرماح – أبو كبير الهذلي – الأخوص – قيس الرقيات – الحارث بن حلزة – كشاجم – أمل دنقل – محيي الدين بن عربي – عبد الكريم الجيلي – مظفر النواب – مهدي بن نصيب – مصطفى خزندار – ديك الجن – بولس سلامة – السموأل بن عادياء – أحمد مطر...)، ولعل ما أسهم في طمس بريقهم معارضتهم للسلطة: اجتماعياً وسياسياً ودينياً ومذهبياً.. فحاول الإعلان أن يهمش أشعارهم بالتشويه وتلبيس إبداعاتهم بالأباطيل، ولعل الإعلان أيضاً حاول قولبة الشعر وعولبته بفرض نمط خاص لا يمكن للشاعر أن يتجاوزه، ومثاله قول ابن العميثل الناقد العربي القديم للشاعر أبي تمام: «لِمَ تقول ما لا يفهم؟!» ولكن يتمرّد الشاعر عليه من خلال قوله: «لِمَ لا تفهم ما يقال؟!».

وقصارى ما نصل إليه، أن الإعلان يخنق الأنفاس الشعرية الجديدة المتجددة الهادرة المتمردة فتنطفئ ساعتها شموع شعراء مبدعين مثل: (وضاح اليمن – ديك الجن – محمد مهدي الجواهري – الكميت – الطرماح)، وترتفع أخرى ربما أقل شعرية وشاعرية، ويسخطنا على أصوات ويحسن أخرى، كأن لسان حاله قول الشاعر الجاهلي عمرو بن كلثوم الأغلبي في إقصاء العدو الغريب، وفي إدناء الحبيب الموالي القريب:

ونشـــرب إن وردنا المـــاء صفواً
ويشـــرب غيرنــا كـدراً وطينــا

47

الخاتمة:

لا يسعنا في خاتمة المطاف والتطواف إلا أن ندلي ببعض الملاحظات، علّنا نلمّ شتات ما تفرق، ونضيء بعض الزوايا التي لم تصل إليها مصابيحنا، وإن كنا نقر بأن العمل يلامس جوانب ضئيلة من المسألة؛ لأنها حتماً تستغرق أطروحة بمئات الصفحات، غير أنه «ما لا يدرك كله لا يترك كله» كما ورد في المثل العربي الذائع الصيت:

أ – إن الإبداع البشري يحتاج إلى إعلان – كما أشرنا إلى ذلك سلفاً – فلولاه لما اخترق الأزمنة والأمكنة، ولما طار خالداً لا يلتهمه الصدأ، فإذا هو متجدد على قدمه، وقديم على تجدده، ولكن لا يفوتنا أن نقر بأن في الإبداع الحقيقي روحاً متجددة تقاوم الفناء والموت والامحاء والاضمحلال، وكذا حال الشعر الخالد عبر كل العصور.

ب – لقد أثبتنا – آنفاً – أن الإعلان مقترن بالسلطة بمختلف توجهاتها، وكل مبدع يحاول اختراق أسوار السلطة أو عدم قدسيتها عادة ما يسفّه شعره، أو يفسق رأيه، ويقزم إبداعه، فيمسي مضغة للآكلين، وعليه فإننا في حاجة ماسة إلى إعلان متعدد التوجهات والآراء والأذواق والمشارب؛ كي لا يصادم ولا يقصي ولا يستثني أحداً، فالساحة شاسعة لتستوعب كل الأصوات والأفكار، ولعلنا نستأنس بقولة للشاعر الفلسطيني الكبير سميح القاسم (1939م – 2014م): «للعالم أكثر من شاعر كبير، كما للأرض أكثر من قمة».

جـ – إن الإعلان يحاكم الشعر المتمرد ويخلق «الشاعر البوق»،

أو يصنع شعراً يقتات من موائد الأمراء، فيصانع المستبدين، فيتراكم في مكتباتنا قريض لا يرتبط بضمير الأمة وتطلعاتها نحو التحرر والكرامة والعدالة، ولا بكيان الفرد التواق إلى التجدد والانعتاق والثـورة، ولذلك لا تجد الشعر الصادق الصدوق الكاشف عن مؤامرات البلاط على المستضعفين والأحرار إلا نادراً (انظر ميمية أبي فراس الحمداني، وكشفه لعورات الملك العباسي، وما أقل ما تجد مثلها في عصره).. وسنورد بعضها لنثبت ثورية أبي فراس على الخلافة العباسية في عصره.. يقول في قصيدته الميمية كاشفاً عن مظلوميّة أهل البيت المعروفة بالشافية.. يقول على وتيرة البسيط:

الدِّيــنُ مُخْتَــرَمٌ، وَالحَــقّ مُهْتَضَــمُ

وفــيءُ آلِ «رســولِ اللهِ» مقتسـم

إنّــي أبيــتُ قَليــل النّــوْمِ، أَرّقَنــي

قلـبٌ، تصــارعُ فيــهِ الهـمُّ والهمم!

يــا للرجــالِ! أمــا للهِ منتصــفٌ

مــن الطّغــاةِ؟ أمَــا للدّيــنِ مُنْتَقِمٌ؟!

«بنــو عليٍّ» رعايــا فــي ديارهــمُ

وَالأمــرُ تَملِكُــهُ النّسـوانُ، وَالخــدَم

لا يطغينَّ «بنـي العبــاسِ» ملكهمُ!

بنــو علــيٍّ مواليهـم وإنْ زعمــوا

ثُــمَّ ادَّعَاهَــا بَنُـو العَبّـاسِ إرْثَهُــمُ

ومــا لهــمْ قـدمٌ، فيهـا، ولا قِـدمُ

هلا كففتُمْ عنِ «الديباجِ» سـوطكمُ؟

وَعَـنْ بَنـاتِ رَسـولِ الله شَـتَمَكُمُ؟

يـا جاهداً فـي مسـاويهِمْ يكتمها!

غدرُ الرشـيدِ بـ«يحيى» كيـفَ ينكتمُ؟

لَيسَ الرّشيدُ كمُوسَـى في القِيَاسِ وَلا

«مأمونكمْ» كـ«الرضا» إنْ أنصف الحكم

باؤوا بقتـلِ «الرضا» منْ بعدِ بيعتِهِ

وَأبصَـرُوا بَعضَ يوْمٍ رُشـدَهم وَعموا

لِبِئـسَ مـا لَقَيَتْ منهـمْ، وَإنْ بليَتْ

بجانـبِ «الطفِّ» تلكَ الأعظمُ الرممْ!

لا عنْ «أبي مسلمٍ» في نصحهِ صفحوا،

وَلا الهُبَيـريَّ نَجّـى الحلفُ وَالقَسَـمُ

ولا الأمانُ لأزدِ «الموصل» اعتمدوا

فيـهِ الوفـاءَ، ولا عنْ عمهـمْ حلموا

أبْلِـغْ لَدَيْـكَ بَنـي العَبّـاسِ مألُكـةً:

لا تَدَّعـوا ملكهـا! ملّاكها العجـمُ!

أيّ المَفَاخِـرِ أمْسَـتْ فـي مَنَابِركُـمْ،

وَغَـيْـرُكُـمْ آمِـرٌ فِيهِـنَّ، مُحتكمُ؟

د ــ قد يضطلع الإعلان بدور المضلل، فيخلق أمجاداً، ويصنع

أساطير وخرافات وترهات تسهم في جمود العقل العربي، كما قد يضطلع بدور تنموي: متى تجاوز التسلط واستوعب كل الشرائح والتوجهات والمواقف المتباينة، ولذلك لزام علينا تحرير الشعر حتى يصور الواقع دون زيف أو تحريف ولا تشويه.

ولكن أفليس الإعلان الذي يعتمد أساساً على الصورة اليوم قامعاً للشعر والإبداع، ورافضاً للقريض/ قصيدة البيت خاصة بَاعتبارها قديمة النشأة عميقة الجذور؟! فهو يراها متخلفة جامدة، فيروج في مهرجانات هذا لوأدها وإقصاء ناسجيها، وقد أشار إلى ذلك الشاعر التونسي جمال الصليعي في قصيدته «وادي النمل» فلننصت إليه ينشدنا على بحرها الوافر:

وأنـــا المشـــغول بالأيــام أمضـي

إلـى زمـن وبـي زمـن عقيـم

حملت مـن البداوة نصـف زادي

وقلـت الــزاد تحملــه الحسـوم

ويلمزني الطوارف أن صوتي قديم

فقـل بلـى صـوتـي قـديـم

قديـم مثـل تاريخـي وأرضـي

قديـم مثلـما همّـي قديـم

المصادر والمراجع:

1 – لسان العرب، لابن منظور الإفريقي، ج 13.

2 – المنجد في اللغة والأعلام.

3 – المعجم الوسيط.

4 – جمهرة أشعار العرب، لأبي زيد القرشي.

5 – شرح المعلقات السبع، للزوزني.

6 – كتاب الأغاني، لأبي الفرج الأصفهاني ج 3 – ج 8.

7 – النجوم الطوالع، لإبراهيم المارغني.

8 – سراج القارئ المبتدئ، لابن القاصح البغدادي.

9 – متن ابن عاشر، لعبد الواحد ابن عاشر.

10 – ديوان أبي تمام.

11 – ديوان أبي الطيب المتنبي.

12 – ديوان وادي النمل، للشاعر جمال الصليعي.

13 – كتاب العمدة في محاسن الشعر وآدابه ونقده، لابن رشيق القيرواني.

14 – قصائد متوحشة، للشاعر نزار قباني.

15 – مداخلة «التواصل في شعر الصعاليك»، لأحمد المباركي.

تجليات الوطنيّة: مغنى ومبنى
شعر ابن الواحة نموذجاً

فاح الجريد ووسـط النور قد وقفا

معطــراً بضيـــاء الحـــرف ملتحفا

فــاح الجريـــد فربّ الكــون أكرمه

فزخرف الشــعر في أوصاله وصفا

(من ديوان: «هذا الجريد»)

توطئة:

بلاد الجريد ــ كما يصفها عبقري الرواية التونسية البشير خريف (1917م ــ 1983م) في روايته الشهيرة «الدقلة في عراجينها» كآخر زنقة في الجنوب الغربي من البلاد التونسية ــ منجم زخار بالإبداع ينبع لآلئ أدبية وفكرية عبر العصور، ومن هنا كان «ملتقى شعراء الواحات» في دورته الثالثة ناثراً علينا من أطايب بلاد الجريد، وسابحاً في درر أحد أبنائه.. إنه ابن الواحة: عبد الرحمن عمار (1936م ــ 2000م).. (وقد تميز بتنوع منتوجه وذلك لعمري مكمن عبقريته.. فأديبنا/ ابن الواحة شاعر وقاص وروائي ومؤلف مسرحيات (كتب «نبضات» ديوانه البكر 1962م، وروايتين «حب وثورة» 1969م، و«عندما ينهال المطر» 1975م، وقصتين «وردة ورصاصات» و«الكهرباء» 1970م، وله مسلسلان إذاعيان «شيخ الغمز وقضية رقم 2025»، وقد ترجم أعمالاً قصصية عالمية).

ولأنه من جيل البناء والتحرير فقد واكب معارك الاستقلال والجلاء، وظهرت متجلية معاني الوطنية ومظاهر التوحد مع تونس الخضراء وطنه العزيز حد الذوبان؛ ولذلك كانت هذه الورقة النقدية

مهتمة بالقسم الشعري لابن الواحة: عبد الرحمن عمار – النفطي – مقتصرة على تجليات الوطنية في المعنى والمبنى مستضيئة ببعض قصائده في ديوانه «نبضات» وغيرها مما هو مبثوث في شبكة التواصل الاجتماعي: النت أساساً، فإلى الوطنية في مغاني شعر ابن الواحة.

1 – الوطنية مغنى:

إن الوطنية – لغوياً – هي مصدر صناعي من حيث هي قيمة مجردة أو اسم نسبة إلى الوطن في الآن نفسه، وندرك مفهومها من السياق الذي ترد فيه.. ولعلنا هنا نوردها «مصدراً صناعياً» لارتباطها بالمعاني المجردة وهي كل ما يدعو إلى التمسك بالوطن ساعتي الحرب والسلم.. ولعل الشعر من أبرز الفنون الداعية إلى الذوبان في الوطن بما هو مكان وفضاء وتاريخ وآداب وهوية وحضارة.. باعتبار الشعر قرين الكائن البشري في حلّه وترحاله.. فعبر التاريخ نجد معاني الوطنية فها هي «الإلياذة والأوديسة» اليونانيتان قد تشربتا حب الوطن/ أثينا.. فكانتا خير موثقتين لتعلق الشاعر: هوميروس بتربته وحضارته.. فلا غرابة أن نجد شاعرنا/ الجريدي تواقاً إلى وطنه، وفياً لأرض الأجداد يفديها بالغالي والنفيس.. وهل هناك أغلى من أن يجود المرء بنفسه التي بين جنبيه؟ ومن هذه الزاوية تجلى عنوان ديوانه البكر «نبضات» مرتبطاً بأبرز خصوصيات الإنسان، إنه القلب الذي يقدمه الشاعر هدية فداء لوطنه العزيز.

ولأنّنا سنتناول – في قسم من ورقتنا النقدية – مسألة «المغنى»

فلا ضير من تقديم صورة، وإن مصغرة، حول ديوانه «نبضات» الذي صدر 1962م، وما يعتمل في تلك الفترة من كفاح التونسيين من أجل الاستقلال 1956م، ومعركة الجلاء ببنزرت 1961م، وقد اكتوى بنارها باعتباره موظفاً سامياً في سلك الأمن/ الحرس الوطني أساساً. فلا غرابة أن يقدم ديوان شاعرنا ابن الواحة آمر الحرس الوطني/ المحجوب بن علي الذي يرى في مقدمته القصيرة للديوان الوحيد لشاعرنا: عبد الرحمن عمار، أن الأدب شكل من أشكال النضال وبناء الوطن ورفعته، وهو عمل يتكامل مع البناء المادي والعسكري.. إذن فالشعر مظهر من مظاهر الوطنية والذود عن البلاد.. وديوان «نبضات» في 150 صفحة. واحتضن إحدى وعشرين قصيدة أولاها «إلى صانع المجد» وآخرتها «صديقي»، وقبل القصائد تستقبلنا مقدمة شيقة للشاعر التونسي النفطي الكبير مصطفى خريف، وتلت كل النبضات الشعرية لابن الواحة رسالة بديعة للشاعر النفطي الشامخ/ منور صمادح.. فكأن شاعرنا يلتحق بكوكبة الأنوار الشعرية التونسية العظيمة.. والقصائد في «نبضات» يمكن تقسيمها إلى وطنيات وغزليات ووجوديات والقصائد الوطنية (إلى صانع المجد – احتضار الفدائي – إلى موطني – في المعركة – صوت الحرب) مرتبطة أغلبها بأجواء معارك التحرير..

ويمكن تصنيف قصائد الديوان إلى شعر عمودي، قصيدة البيت، وشعر مرسل لا يتقيد بالبحور الخليلية والقواعد العروضية.. وتلك لعمري من أبرز ما يميز شعر ابن الواحة: عبد الرحمن عمار (1936م – 2000م).

وإذا ما بحثنا في مفهوم «المغنى» فإن المعاجم لا تسعفنا لاهتمامها بمناخات أخرى وعوالم بعيدة نسبياً عن مبتغانا.. فقد أورد «المنجد في اللغة والأعلام» في مادة (غ ن ي) أن المغنى: جمع مغان وهي المنازل جميلة المنظر بحدائقها الرائقة، وهو وفرة الأموال والاستغناء عن الناس، وهي صفة لله عز وجل، وهي «الغانية» المرأة التي تستغني بجمالها عن التحلي بالذهب والفضة (انظر ص 560)، ولكن لعله يحيل إلى الأغن والغناء والغنة أيضاً.. وهو معنى قريب من بغيتنا.. و«المغنى» مصطلح فني أكاديمي متداول عند أستاذنا الجامعي والناقد التونسي الشامخ توفيق بكار في كتابه «شعريات عربية» عندما تناول قصيدة نونيّة:

وذات دل كأن البـــدر صورتهـــا

باتت تغنـــي عميد القلب ســـكرانا

للشاعر القديم بشار بن برد، ورائية مصطفى خريف.. ولعل «المغنى» أضيق من الإيقاع؛ لذلك يمكن أن يقابله فرنسياً (la mélodie) وشاعرنا ابن الواحة في أوار المعارك حريص على الترنم بقصائده من خلال تنوع قوافيها اقتداء بالرومانسيين وسيدهم في تونس بلا منازع ابن موطنه: أبو القاسم الشابي صاحب ديوان «أغاني الحياة» (1909م – 1934م).

ومحطّ رحالنا تجليات الوطنية أو الشعر الوطني عند ابن الواحة.. فمن أبرز قصائده التي ضمها ديوانه البكر «نبضات» خمس قصائد:

1 – إلى صانع المجد: (ص 14 – 22) على «بحر الخفيف»

وقافيتها الراء الساكنة (أكبر – تحير – يفسر) وعدد أبياتها خمسة وعشرون بيتاً، ولكن كمنت مظاهر الحداثة في توزيع القصيدة العمودية في شكل نظام الأسطر الشعرية اللامتساوية في عددها.

2 – احتضار الفدائي: (ص 52 – 60) وردت على وتيرة «المتقارب» في 109 سطرا شعريا متنوعة القوافي والأروية.

3 – إلى موطني: (ص 67 – 70) وبحرها «الرمل» في 52 سطراً مختلفة القوافي.

4 – في المعركة: (ص 89 – 94) على وتيرة «الرمل» في ثمانين سطراً شعرياً متباينة الأروية.

5 – صوت الحرب: (ص 101 – 107) على بحر «الخفيف» ورويها الباء المكسورة (قربي – دربي) في 17 بيتاً، وإن توزعت في شكل نظام الأسطر الشعرية المتفاوتة في عدد تفعيلاتها، ويمكن أن نضيف قصيدة خارج ديوان ابن الواحة «نبضات» وجدناها في مقال إلكتروني تعريفي بابن الواحة في معجم بابطين الجامع للشعراء، وعنوان القصيدة (الفدائي) على بحر «الكامل» وتفعيلاتها (متفاعلن × 6) في عشرين بيتاً انتظمت في شكل رباعيات.. وقوافيها (الباء – الدال – التاء – اللام – العين) لإثراء النغم.

و«المغنى» متجل في بحور وافرة النغم (الخفيف – الرمل – المتقارب – الكامل)، وهي بحور تتفق مع غرض الحماسة وتحفيز الفعل البنائي وتزيد نغميتها في تنوع قوافيها في لغة سهلة التناول

رائقة رقراقة يسهل حفظها.. فلا غرابة أن تتساوق والتغني بالوطن، وتدعو إلى وجوب تفديته بالغالي والنفيس، ناهيك عن ارتباطها بعالم الحرب والكفاح وطلب الحريات.. ولعل شعر ابن الواحة عبد الرحمن عمار من هذه الزاوية بوابة مترعة على وافر النغم وثراء الإيقاع.. فالمغنى متعلق بوفرة البحور الكثيفة المموسقة والحروف الشديدة والمجهورة التي تعانق الغناء والنشيد.. ولا غرابة أن يكون «المغنى» ــ من خلال أهمية الاشتغال عليه صلب الديوان والقصائد ــ أهم مبرز لوطنية الشاعر وذوبانه في وطنه وموطنه ورجالات تحريره، ومن خلال توثيقه لمدينة بنزرت التونسية المقاومة للاستعمار الفرنسي في معركة الجلاء (يوليو 1961م).

يقول ابن الواحة في «نبضات» في قصيدته «في المعركة» (ص 92):

«من هنا أكتب...

من بنزرت...

من صنف الرصاص الفائر...

بلهاتي صيحة الحر تعالت...

عن أزيز الطائر...

عن أقاذيف العدو الغادر...

وسلاحي يقذف الرعب لهم يرمي اللهيب...

والشظايا تمطر الوغد...

تذيب...

إنني في موقعي...

فثقي بنزرت، أمي بصمودي...

وجهة الباغي الكنود...

علمتني عزة النفس لآبائي الأول...

لجدودي...

مثلاً نحى لها...

نحن نأبى الخزي...

نأبى العار...

نأبى أن نذل.....»».

ويقول شاعرنا النفطي: عبد الرحمن عمار في قصيدته «الفدائي»:

1 – يسري اللهيب بأضلعي ويل العدا إذ يسكب

2 – إني هنا الهول المجسم هجمتي تتوثب

3 – بنزرت ترقب والدخيل ولن يطول ترقب

4 – النار في كفي وفي قلبي الضيا هل أغلب؟

فالناظر في هذه الرباعية ـ نموذجاً ـ يدرك دون كبير عناء مدى احتفال ابن الواحة بالنغم ومدى بحثه عن مظاهر الجدة.. إذ صير بحر الكامل مشتملاً على تفعيلات أربع متتالية أقرب من حيث صورته النظرية إلى مجزوء الكامل بأبيات مدورة غير منشطرة إلى صدور وأعجاز (متفاعلن × 4) ناهيك عن تنوع في القوافي ـ كما أثبتنا آنفاً ـ وتنويعه في الحركات الإعرابية في رحلة نغمية شيقة ساحرة خلابة بآذان القارئين: من الضمة إلى الفتحة فالكسرة.. من الباء المضمومة إلى العين المكسورة.. رحلة جمّاعة لحروف متباينة: من شديدة إلى مهموسة ومتنوعة المخارج (الشفتين ـ الحلق).. إذن كان المغنى مظهراً للوطنية والتغني بجماليات الوطن والموطن، دعك من مكرور حروف وصيغ صرفية تثري موسيقى الأبيات والأسطر الشعرية.. أليس التنوع الإيقاعي مبعثاً للعجب العجاب؟؟ أليس «المغنى» سمة تميز شعر ابن الواحة فتجعل من تجربته نشيداً فياضاً بحب الوطن ووجوب بنائه.. ففيم تتجلى الوطنية: مبنى عند الشاعر التونسي: عبد الرحمن عمار؟

2 ـ الوطنية مبنى:

لعلنا في مستهل إبحارنا في الشعر الوطني لابن الواحة/ الأديب النفطي/ التونسي نؤكد تنوع روافده الإبداعية، وذلك لعمري تجلى في قصائده المتطورة مقارنة بمجايليه من جيل الستينيات/ جيل البناء والتحرير.. ولذلك ننطلق في مبنى أشعاره بقسم (المعاجم) ومدى إحالتها إلى الوطنية وتصويرها الصراع مع الاستعمار، بل تصويرها

لبشاعة المعارك التحررية وبسالة الأبطال التونسيين.. فليس من عجب أن تتراكم «المعاجم» وتتكاثف، ويمكن إجمالها في الجداول التالية:

6 – معجم الحيوان	5 – معجم المشاعر والمواقف	4 – معجم الأسرة	3 – معجم الأصوات	2 – أسماء أعلام	1 – معجم الحرب
وحوش – الأسد زئير	القلب – يكفر ثأر – ظنوني حانق – هازئاً	الأم – الأخت الطفل الصغير – الشيخ الكبير	بلا صدى – زئير نداء – زفير يصطك – سمعي زفير – قصف	الحبيب – فرنسا	الرصاص – لطمة دماء – عدو سلاحي – رشاش مدفع – رفات

12 – معجم النور	11 – معجم الظلمة	10 – معجم الطبيعة	9 – المعجم القرآني	8 – معجم الحركة	7 – معجم الموت
يؤججها – اللهيب لظى – النار...	الليالي – القبور الظلم – بلا حركة	الأرض – الشروق أعاصير – رعود	جهاد – لعنته تسابيح – أصم الماكرين – الأشرار القبور – هيهات	إعادة – رعدة تموج – تمور رقاد – جنون	رفاتي – مماتي ذاوي – احتضار انتهائي – القبور

وعليه تتبدى المعاجم متنوعة ثرة ثرية تؤكد الوطنية وذوبان ابن الواحة في وطنه/ تونس الخضراء.. بل تؤكد التحامه بالأحرار الذائدين عن حياض الوطن ورياضه.. فكانت المعاجم – على وفرتها – تجعل من شعره أشبه بوثيقة تاريخية مصورة ومسجلة صراع الوطنيين ضد الاستعمار الفرنسي في منتصف القرن الماضي، ولم

يجلس شاعرنا على الربوة، كما يفعل بعض الشعراء الذين يهيمون في خيالاتهم، ويصارعون طواحين الهواء عبثاً ورعونة.. لعل ابن الواحة في ديوانه «نبضات» أقرب ما يكون بصوت هادر من أعماق أعماق وطنه العزيز.. أفتكون وظيفته الأمنية – باعتباره ضابطاً في الحرس الوطني – فرضت عليه مواكبة المعارك ومصورة وطنيته وفداءه وطنه؟؟

وتتجلى المباني في أنواع الجمل ومعانيها الدالة على الوطنية فيما يلي:

الجمل الإنشائية	الجمل الخبرية
1 – النداء: بنزرت يا معقلاً يا صرخة الأبطال	1 – الجمل المثبتة 2 ج ف = أحمي الديار بمهجتي ج إ: إني هنا بمدينتي
2 – الاستفهام: أيدوسها الكلب المدنس؟ هل أغلب؟	2 – الجمل المنفية: لن يطول ترقب كلا
3 – الأمر: اقذف لهيبك	
4 – النهي: لا تتحرقي	

كما تتبدى لنا أنماط الكتابة السردية تحفيزاً للفدائي للاستماتة في الذود عن ربى تونس.. فظهر:

سرد الأفعال: سأخوضها ناراً لأجلك

نقل الصفات: كالموت المجسم الرشيش مضاجعي كالبلا

نقل أقوال، يا صرخة الأبطال فأجابها

يظهر لنا أيضاً التشخيص أو الاستعارات:

يا مدفعي الرشيش مضاجعي يا سلاحي يدوسها الكلب المدنس.

ويمكن أن نؤكد أن الصورة الشعرية عموماً قائمة على «أنسنة الجوامد» حباً وتشريفاً وتقديماً لصورة مشرقة لكل مكونات الوطن، بل لكل من ينتمي إليه.. فظهر السلاح صديقاً يخاطبه شاعرنا؛ لأنه الوسيلة المثلى لصناعة وطن بهي سني، وتراءى لنا العدو/ الاستعمار وحشاً كاسراً / «كلباً مدنساً»، فإن حضر المعجم الحيواني فلإثبات مهانة العدو الذي يواجهه الشاعر ابن الواحة/ عبد الرحمن عمار النفطي.

وعليه فقد اكتفينا في قسم المباني أثناء إبحارنا في التركيب والصور البلاغية بقصيدته التي هي خارج ديوانه «نبضات» والموسومة بـ«الفدائي» ذات العشرين بيتاً على وتيرة الكامل، وقد صيغت في شكل رباعيات متباينة القوافي ــ كما أثبتنا ذلك سلفاً في قسم المغنى ــ إيماناً منا بأنها تفي ببغيتنا وتحقق مطلبنا في قسم المباني.

وخلاصة القول: أظهر مغنى شعر ابن الواحة ومبناه وطنيته وحبه الشديد لبلاده تونس الخضراء.. فليس عجيباً أن وثق معارك التحرير وأحاسيسه تجاه وطنه العزيز، كما رصد همجية المحتل السالب للحريات، فهجاه وصوّره في صور الوحوش المدنسة التي هي عدوة للحياة.

الخاتمة:

حرصت هذه الورقة النقدية على إثبات الوطنية في شعر ابن

الواحة، عبد الرحمن بن عمار النفطي (1936م – 2000م) من خلال المغنى والمبنى، فتأكد لنا حذقه للنغم الحافز إلى رفعة الأوطان وتحريرها، فكانت قصائده خير سند للجندي التونسي في معارك التحرر/ الاستقلال والجلاء، كما أبرزت المباني: التراكيب والصور البلاغية توثيقها لهمجية المحتل الفرنسي في بلادنا التونسية (1881م – 1956م)، بل حتى في معركة الجلاء ببنزرت (يوليو 1961م).. فأكرم بشعره مقاوماً باسلاً وبطلاً مغواراً نفتقده هذه الأيام بفعل هيمان الحداثيين الذين حلقوا بعيداً عن الزمان والمكان، وتركوا الساحة «قاعاً بلقعاً صفصفاً لا ترى فيها عوجاً ولا أمتاً» تنعق فيها الغربان!

في ابن الواحة وأنت في ملكوتك النوراني نشكو إليك في عجز ومهانة في أوطاننا بعد ست سنين عجاف من ربيع عربي دموي الغثاء والثغاء.

يا عبد الرحمن عمار يا بن الواحة صح فينا في غير ما توقف وأنشدنا من قصيدتك «إلى موطني» (ص 67) من ديوانك البكر «نبضات»:

«موطني...

أهديك،

ما رف بقلبي...

من لحون...

عزفتها إصبع حيرى..

على قيثارة الحب...

وغذتها الشجون.

موطني...

أهديك ما رف بقلبي...

من لحون، موطني...

يا منبع الأمجاد، في مر القرون...».

المصادر والمراجع:

1 – ديوان: نبضات لابن الواحة عبد الرحمن بن عمار – 1961م.

2 – شعريات عربية: للأستاذ التونسي: توفيق بكار.

3 – معجم بابطين لشعراء العربية في القرنين: التاسع عشر والعشرين.

4 – معجم: المنجد في اللغة والأعلام، (ص 560).

5 – الديوان السادس «هذا الجريد»، (ص 55)، لأحمد المباركي.

قراءة في ديوان
«الزّمن المعتوه»
للشّاعر يوسف حنّاشي

الشّعر ــ في أحدث تعريفاته ــ فعل باللغة في اللغة متجاوزاً الضوابط القديمة التي تربطه بالوزن والمعنى باعتباره «كلاماً موزوناً مقفى دالاً على معنى» كما يراه النقاد القدامى.. فهو في عصرنا الراهن قد انفلت من مقاييس كثيرة، ولكنه ظل معانقاً المشاعر والهواجس والأحلام، فتبدى الشاعر في صورة «طفل صغير حالم»، حسب تعبير الشاعر السوري الراحل نزار قباني.. نعم كان الشاعر هو الكائن الوحيد «الذي يشعر بما لا يشعر به غيره» كذا صدح ابن منظور في «لسان العرب».. ولعل من أدق تعاريف الشاعر ما يقوله الخليل بن أحمد الفراهيدي مؤسس علم العروض «الشعراء أمراء الكلام يصرفونه أنى شاؤوا، ويجوز لهم ما لا يجوز لغيرهم من إطلاق المعنى وتقييده، ومن تصريف اللفظ وتعقيده، واستخراج ما كلت الألسن عن وصفه ونعته».

ومن هذا المنطلق يمكن لنا أن نلج «الكون الشعري» للشاعر التونسي التوزري نشأة الصديق «يوسف حناشي» ولد سنة 1967م، موظف تقني في تجهيزات الملاحة الجوية بمطار توزر نفطة الدولي، نثر عبيره الشعري بالصحف التونسية (الأنوار والشروق) من 1987م إلى 2007م.. وارتأى أن يجمع نصوصه المتناثرة على جدار ثلاثة

عقود من الزمن في كتاب وسمه بـ«الزمن المعتوه»، وحرص على ترتيبه زمنياً، وأن يكون أميناً موثقاً للقصائد المنشورة في جرائدنا.

وأثناء تصفحي في نصوص «الزمن المعتوه» الذي كان لي شرف تقديمه للقراء باكورة أعمال شاعرنا يوسف حناشي، وأولى طبعات الديوان يمكن تصنيفها إلى قسمين متفاوتين زمنياً وكمياً..

1 – القسم الأول: تعلق بـ«الوجدانيات» التي وثقت لحظات العشق والوجد فكانت أقرب إلى قصائد غزلية، وإن كانت قصاراً لا تتجاوز العشرين سطراً تقريباً.

2 – القسم الثاني: ارتبطت نصوصه بالحس النقدي للواقع المعيش، وفيه تمرد وسخرية. فكانت القصائد في هذا القسم كوميدية رمزية بالامتياز لعله قد تأثر بالنزاريات الساخرات، أو أحمد مطر العراقي في لافتاته، أو مظفر النواب عملاق الفراتين في جراءته على رصد أدواء الأمة. ولعل أبرز قصائده الساخرة «الجمل»، والحقيقة أنها بليغة مؤنقة بلغت درجة من النضج: نضج التجربة أكثر من غيرها، فكانت في أخريات قصائد ديوانه «الزمن المعتوه» يقول شاعرنا التوزري يوسف حناشي فيها: «في حديقتنا جمل كسب جميع الانتخابات ولا أحد يوماً انتخب... في حديقتنا جمل كالطاووس بين النوق يزأر كالأسد يصيح كالديك ويخور كالثور ويسأل، هل بعدي فحل؟... في حديقتنا جمل يلمع حذاء سيده يعطره، ويقلده جميع الحلل ويذكره بكل المواعيد قبل أن تحل».

ولا يختلف اثنان في تعدد توصيفات الجمل (بعير – أسد – ديك

ــ ثور ــ إنسان)، ومن هنا نلمح الانزياحات والعدول والإيغال في «المعنى المحال» حسب تعبير دكتورنا التونسي محمد الهادي الطرابلسي، ولا شك أنها انتفاضة على الواقع السياسي في أرض العروبة المحشرجة. ويمكن للقارئ أن يتبين بمنتهى الكشف والوضوح اللازمة الشعرية (في حديقتنا جمل)، ناهيك عن قافية اللام التي تترى في عاقبة كل مقاطع القصيدة الستة، مما يحدث نغمية ساحرة، فتقارب قصيدته سمات قصائد التفعيلة/ الشعر الحر، وتعانق في موسيقاها قصائد البيت.

ومن قصائد الديوان ما يتعلق بحدث اجتماعي لامسه الشاعر كموت الـوالد في قصيدته التي تتقاطر حزناً ولوعة، فتتالت معـاجم الحزن والمـوت (رحلوا ــ فراق ــ لوعة ــ شوق ــ دمع)، كما نلمس جانب الفخر في نصه باعتبار أن الرثاء في أدق تعريفاته هو (مدح الميت) فسرد ووثق سيرة عطرة لوالده «رابح» رحمه الله، فأكد تفرده ونزاهته ونورانية روحه وسلامة طويته وسمو أخلاقه وعلوها.

واحتضن ديوان «الزمن المعتوه» 29 قصيدة من قصائد النثر، ولكن لا يخفي احتفال نصوصه بالنغم وعناوينها كما يلي: (فارس من ضباب ــ سيدة الرقص والقبول ــ قدر ــ امرأة من ضباب ــ شعرك والقمر ــ الشمس الصامتة ــ نقرات على باب الذاكرة ــ وطن من غبار وثلج ــ اغتراب ــ لقاء المسافات ــ عيد آخر ــ جواز سفر ــ طيف أحلام ــ وعاد العيد ــ الاحتضار على عتبة الأحلام ــ غربة ــ سنلتقي ــ حنين ــ رعشة حلم ــ التحدي ــ رجاء ــ وللنسيان ألم ــ آخر الكلام ــ أمل ــ ذكرى ــ الوالد ــ الحلم الممنوع ــ الجمل ــ

أرحل)، وتلتقي جل العناوين عند الأبعاد الرومانسية، فكانت أشبه بتوثيق للحظات سعيدة وشقية عاشها أو حلم بها الشاعر يوسف حناشي، خاصة إذا ما نظرنا إلى تواريخ صدور القصائد في الجرائد التونسية كالشروق أو الأنوار التي كان لها نصيب الأسد.

من نشر نصوص شاعرنا طيلة عقدين من الزمن تقريباً (1987م – 2007م)، ولا يختلف اثنان في انفجار سيول من الحزن والهزائم تلوح من العناوين، فلا نكاد نرى إلا الأتراح والاغتراب والاحتضار والغربة والضباب والأحلام الممنوعة التي تتكسر على جدار الذاكرة التي تلملم أقسى اللحظات، ولا تظهر الأتراح في ثريات النصوص/ العناوين أو العتبات الأولى للقصائد فقط، بل في كل أحشاء الديوان تقريباً ومثالنا على ذلك قوله في «امرأة من ضباب»: «ثم تتوغل في خاطري جرحاً في أعماق القلب يطارد عمري وغيوماً بلا حد تمازج صحوي وأوزاراً إلى الأبد توصد دربي»، يقول شاعرنا يوسف حناشي في «وللنسيان ألم»:

«لكنّ حزني كان جبالاً وأكبر فكيف أنساك؟ فكيف أنساك، والجرح في خاطري كل يوم معي يكبر؟».

وهكذا تتقاطر نصوصها دموعاً وزفرات وحسرات، ويذوب فؤاده لفراق الحبيب الذي برز لنا كغزال شرود لا يكاد يمسك به ويستحيل وصاله.. وصوره الشعرية – في مجملها – جامعة لعالمين متباينين متضادين، وأمثلتنا كثيرة على ذلك: (الأقحوان الدفين – جمجمتي الراحلة – القلم أسد – الورق غابة – هامات النخيل – يموت السؤال

ـ عهوداً من خيال ـ أبواب الحلم ـ نوافذ الطفولة ـ الجرح المسافر ـ ظلي المغترب ـ صهلت ذكرى ـ لهيب بين الضلوع ـ ناصيات المدن ـ سراديب الخيال ـ رعشات حلمي المتداعي ـ غياهب الشجن ـ خريف العمر ـ أعاقر الذكرى ـ يموت انشراحي ـ جحافل أحزاني ـ أطلال أحلام ـ عتبة العصيان ـ صهوة ألمي ـ نوبات غثيان ـ عساليج عشقي ـ انصهار الصمت ـ مفاصل البوح...) والقائمة طويلة طول حزن الشاعر لفراق المحبوب الذي يتزين بأزياء مختلفة، فهو الحبيبة المعذبة له وهو الوالد الذكرى الجميلة الهاربة وهو الوطن الجريح الكسيح وهو العربي المغترب.. فتبدت صوره الشعرية معتكفة ـ في أغلب الأحايين ـ في الوظيفة التعبيرية أساساً ولم تتعداها إلى الوظيفة الجمالية فتتحقق في ديوانه البكر «القصيدة الرؤيوية» التي تجمع بين غرائبيات الصور وعجائبياتها، وإن كنا لا نخفي جمالية في تصويره من قبيل ما تضمنه نصه «عيد آخر». يقول شاعرنا التوزري يوسف حناشي: «أرسم توابيتاً لجراحي.. فمن يحملني ولو تباديداً فأكون خبزاً للجائعين من يعانقني ولو غباراً فأكون غيمة للظامئين يا وطني.. هبني لحظة من الاشتهاء لأرى عساليج عشقي تلامس هامات النخيل وأسرج الشمس بكفي وأراود القدر الهارب مع الصدى».

وقصائد الديوان «الزمن المعتوه» الذي بين أيدينا تتصادى مع نصوص الرومانسيين وشعراء الغزل قديماً في وصف محاسن الحبيبة المتمنعة يقول شاعرنا في «شعرك والقمر» «شعرك، ليل بلا قمر يخلد فيه الدجى وفيه الفجر قبل أن ينبلج ينتحر»، وهو مرثيات

للوالد والوطن وقيم الجمال التي باتت لا تطرق أبوابنا وإن حلماً.

هو تطواف عاشق باحث في أحشاء الديوان البكر «الزمن المعتوه» لشاعرنا التونسي يوسف حناشي أردنا من خلاله معانقة بعض ما جاد به علينا من أطايب النغم، وثمرات الصور في رحلة ارتحلها صاحب القصائد زهاء ثلث قرن موثقها في الصحف التونسية، كانت أغلبها قصيرة مضمّخة أحزاناً وآهات من قلب مكدود أرهقه جنون زمنه وانفلات القيم فيه وإفنائه لكل حسن.

والديوان من زاوية أخرى وثيقة تاريخية اجتماعية وجدانية للشاعر وعصره لا نطالبه بأكثر مما جاد به من جمال صورة وبهاء نغم، إذ حسبه أنه أمتعنا ونحن نجول في أوصال نصوصه المورقة كأجمل ما يكون الإمتاع والاستمتاع.

مدخل إلى الكون الشّعري للشاعرة التونسية وداد الحبيب

ديوان «حديث الصمت» نموذجاً

هل أتاكم حديث يتماهى فيتحول إلى صمت؟ وهل أتاكم صمت يتبختر بأثواب الأحاديث؟؟ عجباً كي تجتمع الأضداد وتتعانق وتتمازج وتتحد في كرنفال مهيب شجي بهي بهيج!! تلك – لعمري – هذه الترانيم والصلوات التي تقافزت بين يدي قبل أيام رغبة من صاحبتها الأديبة التونسية من نابل أساساً وداد الحبيب (وقد صدر لها سنة 2018م ديوانان: «خيال المرايا» و«أنا العاشقة» و«ثرثرة أنثى» مجموعة قصصية 2017م) في قراءتها.. وإني لمتهيب الولوج في حرم الأشعار لما يكتنفها من جلال وجمال.. غير أن ثريا الديوان/ العنوان باعتباره البوابة الأولى أو العتبة التي تلوح لنا أول ما يلوح أغراني بمشاكستها واستنشاق عاطر أزاهيرها.. وجدلية الكلام والصمت خاض فيها العرفاء والعشاق والشعراء وقد قال قديماً الشيخ النفري: (إذا اتسع الرؤيا ضاقت العبارة).. وقلت أيضاً ذات ذوق وشوق في قصيدتي «ذراعاي تحت العرش» من ديواني التاسع «قلبي النور» (ص 42 – 47) على وتيرة الطويل:

إذا اتســعت رؤياي ضاقت عبارتي

وســقت مجازات اللغات مشــدخا

وذلك لعجز الحروف عن الإحاطة بالهواجس والآمال والآلام

والآهات والسعادات والمواويل والأناشيد؛ لذلك نجد الشاعر السوري نزار قباني مؤكداً هذا المعنى في قصيدته «إلى تلميذة» في بيتيه الشهيرين:

فــإذا وقفت أمــام حســنك صامتاً

فالصمت فـي حرم الجمــال مقال

كلماتنــا فــي الحــب تقتـل حبنا

إن الحــروف تمــوت حيــن تقال

ومن هذه الزاوية كان الصمت باعثاً للحديث أو كان الحديث مفجراً لأنهار من الصمت.. ولعل الصمت في جلالته مزهر ينابيع إبداع وإمتاع. فكان هذا الديوان «حديث الصمت» منتفضاً على السائد الشعري التونسي وربما العربي أيضاً محيلاً إلى المقدس الذي يقل السير في عتباته والاعتكاف تحت قبابه، ولعل شاعرتنا التونسية كانت مغامرة جريئة في أربع وثلاثين قصيدة أقرب ما تكون لنجوم من عشق وذوبان في جلال الله وجمال حبيبه رسول الله عليه الصلاة والسلام وعلى آله وأصحابه آلاف التحايا العاطرات.. تقول شاعرتنا وداد الحبيب:

«نذرت حياتي لوصاله   فوصال العاشق حياة».

وهكذا تستمر قوافل النور عندها عابرة صحارى الوجد وإلى فيوضات الجود.. تترى نجماتها/ قصائدها راقصات أحياناً متبخترات في لباس قشيب يسر الناظرين بعيون القلوب العاشقة.. والعشق

والحب والوله والتيه والوجد كلمات تتتالى في الديوان «حديث الصمت»، فيصطبغ بوحها بآهات المحبين وسهاد الوالهين، وتتراءى لنا النصوص «قصائد غزلية عذرية» صاغتها أنامل جميل بن معمر العذري، وحرائق قيس ليلى، أو قيس الرقيات، بل تبدو مقتطفة من وجديات المتصوفة كعمر بن الفارض بتائيتيه الكبرى والصغرى، والشيخ الأكبر محيي الدين بن عربي الحاتمي بترجمان أشواقه، والحلاج الحسين بن منصور بطواسينه، وعبد القادر الجيلاني وسفينته، وعبد الكريم الجيلي صاحب العينية السامقة وسمنون المحب.. فلا غرابة أن تنضم شاعرتنا التونسية إلى قوافل المحبين في نفسٍ ديني يقارب الفرقان (والذين آمنوا أشد حباً لله).

ولعلّ جلال المقام جعل من الشاعرة التونسية وداد الحبيب تتراكم عندها الجمل الندائية (أيا حلماً – أيا حباً – أيا عشقاً – أيا ألماً – أيا سراً – يا خليلاً – يا ليلة الأنس – يا شمس – يا رسولاً – يا ابناً – يا قلب – أيا عبداً – يا ذا الجلال – يا رياحاً – يا من أنت...) وقد تتتابع التسليمات والترحيبات (سلاماً – أهلاً...).

وقد نلفي كثافة الجمل الوصفية التي تسعى جاهدة مجهدة في وصف الحبيب.. فتسقط إعياء لغشيان النور.. فإذا نصوص وداد الحبيب أشبه بالكليم موسى عليه السلام، في حرم الله وهو صعق وقد انكدت الجبال من حوله.. وقد تكثف شاعرتنا التونسية من الجمل الاستفهامية المؤكدة النفس المحيار التعب في الإحاطة بتلك الفيوضات الشريفة.. ولا يخلو الديوان من نفس فلسفي باذخ.. تقول شاعرتنا وداد الحبيب:

«تركت الوهم لأهل القبور ورحلت بزاد لأهل القبور فمعهم يقين ما بين الضلوع ومعهم عشق ما بعد البلوغ تركت السراب لأهل السموم ورحلت بقلبي لأهل اليقين فمعهم يحلو سمر النفوس ومعهم يفيض نهر العبور ومعهم أغني حتى للموت»... هي تذكرنا بزهديات إسماعيل أبي العتاهية أيضاً.

ومن هذا المنطلق تكاد تكون نصوصها متمرجحة بين الغزلية والزهدية.. فتقارب لغة العاشقين أحياناً، وقد تنتسب إلى نداءات الزهاد والواعظين.. فتقل الصورة الشعرية وتقترب شاعرتنا من التسجيلية، ورغم كل ذلك لا تفقد الكلمات توهجها وبريقها وثراءها ورواءها.. فالنصوص – وإن حيكت بأثواب قصيدة النثر – كانت متفردة فرادة باهرة تكشف فلسفة صاحبتها ورؤيتها للوجود تقول الشاعرة وداد الحبيب ذات بوح خارج ديوانها:

«إن كان للكلمات وقع في القلب والروح فإن للأحاسيس وقعاً أكبر وأعمق.. وما أروع أن تستسلم لهذه الأحاسيس وتغلق باب العقل والفكر فتنحتها أجنحة للتحليق في عالم الحب والعشق، وهنا يحلو الكلام وترقص الروح طرباً لأن الحبيب هو خالق الحب وراعيه... هو الله». أردت لهذه الكلمات التي أبثها بين يديك – أيها القارئ الكريم – أن تتنفس عبير ديوان «حديث الصمت» للشاعرة التونسية وداد الحبيب الذي يحتفي بفلسفة الحب مثل جبران خليل جبران وإن قلت التهويمات والصور الشعرية، ولكن حتماً تتراقص أمامك كلمات مشحونة بأنوار المحبين والواعظين والعارفين.. نرجو لهذه الأضمومة الشعرية «حديث الصمت» أن تحقق المتعة عند قراء

العربية، وأن تسهم صاحبته الشاعرة التونسية وداد الحبيب في زرع غابات من الحب والجمال في مكتبتنا العربية.. ولنترك للقارئ العربي الإبحار مع قصيدتها الإشراقية هذه:

«كفراش تسعى

لتحترق..

أجافي ليلي

أسكن ثقوباً بالقلب تحترق

أزور شهباً على جناحيها نعشي

تحملني.... تشتتني...

لأرتوي من نور ذكراك

ونبضاً يجتاحني

كأمواج الذكرى

تهب ولا تقترب

تخطف العطر مني

تزرعني بلهفة الطفل

وترحل كابتسامة طفل

يتيم... حزين

في أرض الخطايا والحرب

والشظايا... ألملم بقايا

بقااااايا

وأنا الصوت

وأنا الصمت

وأنا النار

وأنا الماء

وأنا الحياة

والدمار

يسكنني

بروحي وفكري

يختزل الدنيا

ليحط ببابي

أثور...

فأنا الفراشة

أنا الطير بلا جناح

بلا مكان ولا زمان

أضمد الجراح

لأحترق

لأخبو كمملكة من ورق

من قرطاس

من أرض بيضاء

عذراء

لا تنتظر عطر السحاب

فهي الأرض وهي السماء

وهي السكن وهي الكفن..»».

ولنستمتع بنصها الثاني وعنوانه «لعنة الطريق»، وهو مبثوث في ديوانها «خيال المرايا».. وفيه تعالجه قضايا اجتماعية وتربويّة.

«نحن الطَريق

السَّفينة

والرّاحلون...

نتوه في مكاننا

وتأبى اللآلئ أن تضيء دروبنا

نلعنُ الفجر

نناشد الغروب

نسأل الغسق

ننحني للقمر

نرجوه الأمواج

رياح الشّمال

لترحل سفينتنا

وما الأمواج غير صواعدنا

وما الرّياح غير نوايانا

وخريطة القدر بيدنا

نحن الشّجرة

والفأس

نهوي على أغصاننا

تصفرّ أوراقنا

ثم نبكي ثمارنا

نحن الأرض والسّماء

نمنع المطر عن حقولنا

لتبكي صحراؤنا

ثم نخرج أمواتاً

نستجدي قطرات

من عين الذّلّ

نغتال كبرياءنا

يحرق أجسامنا العارية

رحلوا بثيابنا

اقتلعوا شرايين الأمل

سكبوا الجحود في براعمنا

مدارسنا

مقابر للحياة

مصانع

لطيور بلا أجنحة

متى؟

نقتلع الشّجرة بفأسها

بغوغائها

بظلالها وظلماتها

نتعثَّر

نتساقط

نهوي

بنفس الحجارة

في نفس البئر

لا سيزيف حمل وِزرنا

ولا يوسف طَمَرَ البئر

فمَن الطّاهر

ومن المُذنب؟

من السّارق

ومن المسروق؟

من القاتل

ومن القتيل؟

جميعنا

نقف عمياناً

أمام وجه الشّمس

عراةً

ننسج خيطاً واحداً

لثوب واحد

نرسم حدائق

على طول المدى

لتمضي سفينتنا

أو ينقطع الخيط

يمضي النّسيج

جريحاً

كسيحاً

يصرخ بلا صوت

ليغرق في جسده

وبين أضلعه».

ولا بأس بأن نورد شهادة الناقد التونسي الأستاذ لطفي عبد الواحد في المنجز الشعري لشاعرتنا التونسية.. وفي صفحته الإلكترونية بتاريخ 11 مايو 2018م، يقول:

«وداد الحبيب: من ثرثرة أنثاها إلى أناها العاشقة رحلة الكاتبة في عالم النثر والشعر. وداد الحبيب عرفتها كاتبة مولعة بالكتابة النثرية والشعرية ومقبلة على القراءة إثراء لتجربتها وتجويداً لملكة الإبداع لديها، ولئن خيّرت أن يكون إصدارها الأوّل مجموعتها النثرية القصصية «ثرثرة أنثى» فإنّ عنايتها بالشعر كشكل من أشكال الإبداع دفعتها أخيراً إلى إصدار مجموعتها الشعرية «أنا العاشقة» ربّما بسبب إحساس قوي لديها أنّها بحاجة أكبر إلى التعبير عن ذاتها وتطلعاتها شعراً وليس بسبب رغبة في تجربة التعبير بأصناف أدبية فنية.

هذه المجموعة الشعرية التي تفضلت الكاتبة مشكورة بإهدائي نسخة منها، وانتظمت تحت عنوان لافت، وقد يكون مفاجئاً أو مستفزّاً للقارئ العادي تضمنت نحو 46 نصّاً شعرياً نثرياً سبقها إهداء ومقدّمة وتصدير الإهداء كان للقارئ الإنسان مهما كانت صفته وإلى ذاتها، فالناس جميعاً الذين هم أحبّاؤها رغبة في أن تكون حسب قولها معهم وفيهم والمقدّمة كانت من تأليف الصديق الأديب شكري المسعي، ومثّلت في تقديري مدخلاً مفيداً إلى عالم وداد الحبيب وتجربتها في الكتابة وخاصّة الكتابة الشعرية، لكن تمنّيت بصدق لو أنّ هذه المقدمة كانت أقلّ طولاً لتضع القارئ مباشرة أمام نصوص الشاعرة لاكتشافها من خلال قراءته. أمّا التصدير فهو قولة للشاعر الصوفي جلال الدين الرومي في معاني الحب والهيام بما يحيل على حالة أو

صفات المحبّ العاشق المتصوّف. وهذه النصوص الشعرية النثرية العديدة التي تراوحت بين الطول والقصر عبّرت عن أحاسيس صاحبتها المتوهّجة في مختلف تجلّياتها وعن تطلّعات المرأة الأنثى العاشقة الجريئة التي لا ترى عيباً في الإصداع بعشقها والإعلان عن ذاتها باعتداد أنّها امرأة إنسانة من حقّها أن تعشق وتصرّح بحبّها، وهي نصوص قد وردت في لغة سهلة تستحقّ أن تقرأ للتعرّف إلى مدى قدرة الشاعرة على التوفيق في التعبير بأسلوب فنّي ومدى امتلاكها للوسائل الفنّية الضرورية، وهذا يحتاج إلى قراءة نقدية ترسم معالم الطريق الذي تحتاج وداد الحبيب، لأن تسلكه لضمان المزيد من الارتقاء بكتابتها المقبلة».. تلك هي شاعرتنا التونسية وداد الحبيب صوتاً أنثوياً رائقاً، وهي حديث صامت، ولكنه يشي بكل عطور الحب والجمال والجلال.

إبحار في فنّ الأقصودة وعوائقه

«أشتكي للقمر» للكاتب التونسي مهدي غلاب نموذجاً

نحن في زمن فلوت شرود يسافر بنا أي سفر.. لا يتوقف عند محطة من المحطات إلا ليعلن عن ارتحال جديد متجدد.. إنه لعمري «كالماء يجري لا تقف له على وقفة قط كالمستعد للرحيل لا ينقضي عنه الرحيل»، وشأننا وفنوننا معه شأن أبي هريرة المسعدي عبقري الأدب التونسي بلا منازع.. وما ذلك إلا لامتزاج العوالم والكائنات والتاريخ والجغرافيا في كون أضيق من ثقب الإبرة في قرية قصيرة أرجاؤها أقصر من العنقود.. في قرية افتراضية نحن تهزنا أعاجيبها عجباً مهولاً.. أجل بات عصرنا من غرائب الدنيا لذوبان الحواجز والفنون والثقافات والحضارات.. فلا غرابة أن تتداخل الأجناس الأدبية وتتمازج وتتماشج فإذا القصة شعر، وإذا القصيدة لوحة، وإذا الفيلم نص شعري.. وذلك ما تبيناه في بحثنا وإبحارنا في باكورة إبداع الكاتب التونسي من قفصة تحديداً.. إنه الصديق مهدي غلاب ناسج المدونة الإبداعية (أشتكي.. للقمر....!) يوليو 2015م عن دار رسلان في طبعتها الأولى في 340 صفحة، ووسم كتابه بـ (500 أقصودة – مواقف نصية شعرية ونثرية متميزة).

والكاتب التونسي مهدي غلاب من مواليد 1972م، شاعر وفنان تشكيلي مستقر في فرنسا حالياً، ينشر كتاباته في صحف عربية مختلفة، يحرص على ابتكار جسد إبداعي.. فيرى نفسه من مؤسسي فن الأقصودة في تونس؛ ولذلك آثرنا أن نتناول باكورة إبداعاته «أشتكي.. للقمر...!» في محطات ثلاث: (هيكلية الكتاب ـ في فن الأقصودة ـ في عوائقه) فإلى المحطة الأولى.

1 ـ في هيكلية الكتاب:

بداية لا بد أن نقر منذ الوهلة الأولى أننا أمام كتاب «أشتكي.. للقمر...!» مختلف كماً وكيفاً: ففي الكم بلغت عدد صفحاته 340 صفحة، متجاوزاً ما ألفناه في الكتب الأدبية بين الثمانين والمائتين تقريباً من الصفحات.. بل لا أبالغ أننا نحن ـ عصرنا الراهن ـ وبعض الروايات التي اعتدنا على طولها كروايات إبراهيم الكوني الليبي قد نقصت عن المائة صفحة، نتفاجأ بضخامة الأثر أشبه بأعمال كاملة وافية شافية جمعت فأوعت، وفي الكيف: فإننا نلفي أجناساً فنية كثيفة (اللوحة والشعر والنثر)، بل وأساليب كتابية متنوعة (التعليق والتقديم والإهداء وشرح المفردات) فكان الكتاب «أشتكي.. للقمر...!» للكاتب التونسي الصديق: مهدي غلاب أقرب إلى «أدب الكيتش» حسب الدكتور التونسي المنصف الوهايبي أو «أدب الملصقات» حسب الأستاذ رياض خليف، ويمكن أن نلمل محطات الأثر الذي نحتفي به الآن في المحطات التالية:

وبناء على ما تقدم يؤكد جدولنا أن الكتاب «أشتكي.. للقمر...!» للأديب التونسي مهدي غلاب، أمشاج من فنون شتى تتعانق وتتراقص معلنة ميلاد جسد إبداعي طريف متفرد.. هو أجناس فنية تتصادى وتتصافح في كرنفال قلّ نظيره في الساحة التونسية، لعل مرد ذلك حرص أديبنا مهدي غلاب على التميز في بنائه بناء كسر أفق انتظاراتنا وزادنا دهشة على دهشة.. لكأنه متمثل بيتاً قبانياً شهيراً:

إن الجنـــون وراء نصف قصائدي

أوليس فـــي بعض الجنون صواب؟

فلا غرو أن جمع الأثر: إهداءات وتعليقات وشروح مفردات جغرافيا (ص 67 + 68) وتاريخياً ومعنوياً لا تكاد تخلو الصفحات من الشروح في خط أندلسي طريف عتيق نشتم منه روح الأجداد الغيارى على الأوطان السكارى بحب الإبداع وتقديمات ومقاربات نقدية في آخر الكتاب ووسط ذلك كله شعر عمودي (ص 17 – 18) وشعر تفعيلة (ص 31+307).

وقصائد نثرية ونصوص مفتوحة ولوحات رمزية عددها ست عشرة لوحة ملونة (ص66+96+124+150+160+178+202+ 220+236+246+260+268+286+294+304+316) وما يمكن رصده احتفاء أديبنا مهدي غلاب بالخط الأندلسي الذي سيطر على كل البياض من بداية كتابه إلى منتهاه.. وإننا نتساءل: ما سر ولعه بالخط الأندلسي العتيق؟ ألغاية نفسية أم لنفسه وجذوته العروبية التي لامسناها وأبهرنا تمسكه بلغة الضاد وإرث الأجداد وهو في بلاد

العم سام، ويسير في طرق باريسية أم لغاية جمالية أم تعبيرية تلهج بمعان باذخة أم لمسلك زخرفي يريح قارئه الذي ينزعج لطول الكتاب (أشتكي.. للقمر...!) أم لاحتفاء صديقنا بالألوان والأشكال وسط القصيدة.. «أفليس الشّعر رسماً بالكلمات» حسب تعبير نزار قباني، واللوحة قصيدة خجولة ذات ألوان.. وتجدر الإشارة أيضاً إلى أن أديبنا التونسي تعمد أن يحتفي بالبياض باعتباره من الألوان الجميلة فترك صفحات في أثره الإبداعي بلا سواد فلم تعانقها الحروف (ص 8+14+ 28+40+42+152+224+270+272+324+334) كذلك أغلب المتون التي تموقعت وسط الصفحة تماماً تقريباً كانت فارغة من الكتابة.. وكل ذلك ضخم من حجم الكتاب رغم قصر جل النصوص.. ولعله في وعي منه ضخم سفره الإبداعي في زمن «النص الكسكروتي السريع»، لعل أديبنا تتخطفه مشاعر متباينة وهتافات مختلفة: قديمة تؤمن بضخامة الكتاب وموسوعية صاحبه وقد تلمسنا ذلك وأخرى معاصرة جسدتها نصوصه أو «أقاصيده» الخمسمائة التي فاضت عجباً وحداثة في أثره الطريف «أشتكي.. للقمر...!».. ورغم ما للكتاب من جدة في قضاياه ومن تباين عوالمه إلا أننا نتساءل عن سر الغموض الذي تخيره أديبنا عن وعي: غموض في خط أندلسي تعسر قراءته عند قارئ معاصر وغموض في لوحات رمزية مدهشة منهكة للفكر.. لعل صيحات الابتكار في باطن شاعرنا مهدي غلاب وراء كل ذلك.

2 - في فن الأقصودة:

في هذا القسم من البحث تجدر الإشارة إلى أن كلمة «أقصودة»

معاصرة تنعدم في القواميس القديمة.. فلا تجد لها أثراً في «لسان العرب» لابن منظور الإفريقي، ولا في «المنجد في اللغة والأعلام» الـذي طبع قبل ربع قرن تقريباً (ما عدا لفظة أقصوصة جمع أقاصيص، ص 631، طبعة 33، دار المشرق، بيروت 1992م).. ولعتمة اللغة نرحل إلى الصيغة الصرفية.. فأقصودة جمع أقاصيد على وزن «أفعولة» مثل (أقصوصة وأحدوثة وأحبولة وأنشوطة وأكذوبة) والصيغة الصرفية تحيل إلى القصر والصغر عموماً خاصة إذا ما تلمسنا أن من معاني القصيدة عند ابن منظور صاحب «لسان العرب» الطول في الإنشاد فنقول (قصد القصائد) وعليه فكلمة «أقصودة» لفظة مبتكرة لم تظهر إلا في العقود الأخيرة في العراق عند أحمد جاسم الحسين وغيره وفي المغرب عبد الله المتقي ومصطفى الغتيري وغيرهما، وفي تونس أديبنا مهدي غلاب المحتفى به وبكتابه الطريف.

وعليه.. فإن الأقصودة جمع أقاصيد جنس أدبي استحدث في العقود الأخيرة فنجد ذكراً له عند بول فاليري في كتابه «الشعرية الجديدة» /la nouvelle poétique وهي جامعة بين القصة القصيرة جداً وقصيدة الومضة.. وهي حسب كاتبنا التونسي مهدي غلاب «مزيج ما بين القصة الومضة والقصيدة البرقية عملت على إعدادها منذ أربع سنوات» (انظر الصفحة الفيسبوكية: معين المعلم في التربية التشكيلية)، وهي في كتاب «حداثة الشعر» لبشير ونيسي (القصة القصيدة)، وعند الكاتب عادل المعيزي (مزيج من الأقصوصة والقصيدة)، ولا عجب أن يرى البعض من الذين ينبشون في جذورها

اليعربية الراسخة في القدم أنها جنس شعري عرفه العرب قديماً أقرب إلى «القصة الشعرية القصيرة».. وهناك من يرى «الأقصودة» أقرب إلى «أدب الكيتش» حسب الدكتور التونسي منصف الوهايبي الذي يرى أن «الكيتش» – والكلمة ألمانية بمعنى البضاعة – أقرب إلى «الملصقات» وهو «الفن الرديء بلغة جديدة بصيغة فنية»، وكيفما دار الأمر فالأقصودة جامعة بين الشعرية والسردية في كلمات مختزلة خاطفة أقرب إلى القصة الشعرية السريعة في وميض البرق الذي «سناه يذهب بالألباب».

وهناك من يرى أن لها صدى في «أزهار الشر» لبودلير، فيسمها بعضهم بالعنوان التالي: poème en prose..

ويقول علي الراعي في مقال له منشور على النت بعنوان «بعد القصة القصيرة جداً وقصيدة الومضة الأقصودة أو القصة الشعرية»: «عندما انحازت القصيدة إلى الحكائية وأخذت من السرد ما شاء لها ذلك فقد اقتربت من روح القصة، ومن ثم حصلنا على الأقصودة.. وتجلت كل هذه الاشتراطات في بنائها المتكئ على درامية القصة وغنائية قصيدة النثر وخياراتها المدهشة في الإيقاع والمجاز».. وقصارى ما نصبو إليه أن الأقصودة تصافح فيها الشعر والسرد، وتجلى ذلك في نصوص أو أقاصيد أدينا التونسي مهدي غلاب، وإليكم بعض الأمثلة:

1 – العنوان/ العتبة الأولى جامع للشعر والقص (أشتكي.. للقمر....!) وقد وردت في شكل جملة فعلية محذوف المشتكى منه

ناهيك عما تحمله رمزية القمر من جمال وأمان وحماية وقداسة وما زاد الجملة بهاء هذه النقاط والتعجب وما تثيره من دوامات من التأويل واستمطار لوابل من المعاني تفتح سماءات من الدلالات والاستفهامات، ولا يخفى عليه هذا الطابع الدرامي الكئيب.

2 – «آه...! قتلتني القصيدة... وغلبني السرد... جلبني لمؤاخذاته وأحكامه وعلاته» (ص 199)، ففي هذه الأقصودة يصارع الشاعر الأجناس الأدبية في معركة ضد خصمين مهولين (القصيدة والسرد) ينهزم فيها شاعرنا، ولا غرابة أن تحتفي بمعجم الحرب والمأساة رمزاً لمكابدة شاعرنا عذابات النصوص.

3 – «أقصودة لكم من أضلاعي لتعرفوا الجديد من المنسوج» (ص 312)، ففي هذا النص انفتاح النص على نفسه ومحاورة الأقصودة لذاتها وإحالة الشاعر على استقطاره في مشقة نسج نص طريف في صبر وحبكة ومهارة.

4 – «ت صاعد... ت.....!» ففي هذه الأقصودة نلفي حروفاً منفصلة وكلمة مبتورة الأعضاء رمزاً لأزمة الحرف العربي ومحنة الكاتب الذي يرغب في الصعود وتجاوز معاناته وما أقساها وأمضّها! وما النقاط إلا مطبات في طريق المبدع وصيغة (تفاعل) إحالة إلى بذل الجهد ومكابدة مرارة الفعل.

5 – «الدمية الدامية الوارفة تخزن ثورتها» (ص 135) هنا يتجلى لنا النص المغلق الموصدة أبوابه في وجوه القراء.. ترى فما الدمية وكيف تخزن ثورتها.. لعلها إشارة لطيفة إلى الواقع العربي المأساوي،

حيث المسؤول عندنا دمية تتلاعب به الإمبريالية المتغولة.

6 - «القديسة... العمياء... تخبط الأرض... بعصاها... فينبت انتقاماً وظلاماً»، وهذه الأقصودة وما يعتمل فيها من معجم ديني (إنجيلي وقرآني) من خلال قصة مريم وموسى كليم الله عليهما السلام، إحالة لطيفة شفيفة إلى تلبس الدول الاستعمارية بلبوس الدين ليحولوا الأرض إلى حروب وأحقاد.. وقد وظف شاعرنا مهدي غلاب أسلوب الرمز مطية لغرضه السياسي، كان ذلك في أقصودته (ص 210).

7 - «ليتني... كنت... نهراً... لا يتوقف عن صنع... الأشجان!!!» (ص 255) هنا يرسم الشاعر التونسي مهدي غلاب أمنيته في استمرارية الأشجان والأحزان.. ألعلها بوابة للفرح والفجر؟ أم هي كشف عن واقعنا العربي المأزوم الذي يرصد فيه الكاتب على لسان بني جلدته الأماني المدمرة المزلزلة لكل جمال في ربوعنا العربية.

8 - «قالت لي الشمس كن صديقي لنفتح صفحة من المعجزات» (ص 115).. هنا يتجلى خطاب السارد/ الشاعر للشمس التي تسانده في صناعة المستحيل.. وللشمس رموز متعددة: القداسة والضياء والجمال والأمل وازدهار الأوطان وأماني الإنسان.

9 - «الأحدب الصغير لما كان ثرياً يطعم المساكين واليتامى ليستعبدهم ويزرع فيهم أجنته ظلماً».. وإن الحيرة لتسافر بنا دون توقف: فمن الأحدب ومن أجنته؟ لعل ذلك إشارة خاطفة إلى التغول الاستعماري ذي الوجهين وأذنابه ونفاقه وضحاياه.. ونحن يا مولاي من ضحاياه في عالمنا المعاصر.

واستقرأنا كل ذلك من خلال هذه الأقصودة (ص 266) التي هي سياسية بامتياز بوابة مشرعة على الغموض والانزياح والعدول.

10 – «وطني الزرع الهائم والقمر النائم على كل ربوة» (ص 138).. هو توصيف مرعب للوطن الكبير بالزرع والقمر اللذين فقدا بريقهما وبوصلتهما وبهاءهما حالة الهيمان والنوم.. وتلك لعمري من الصور الجميلة التي تحيل إلى التشاؤم والطابع السوداوي الذي وسم أغلب أقاصيد مهدي غلاب، وقد أشار إلى ذلك الروائي التونسي إبراهيم الدرغوثي في مقدمة الأثر (ص 26) «الميلودراما تمتزج فيها المأساة بالملهاة».

وقد وظف شاعرنا التونسي مهدي غلاب فنوناً كثيفة في كتابه كالحكمة (ص 279) «عندما تنزلون إلى الحقيقة... الثابتة... ستسكنكم الحفرة المشتعلة»، وقوله (ص 306) «في مدينة الأنوار والأنهار يكبر ما لا نتوقعه من الضواري» والدراما (ص 50) «لقنني الدهر والأيام والآلام عن مملكة ضائعة في التراب تناثر قوتها وياقوتها»، وقوله «الأيام السعيدة أرسمها على مساحات الوطن وهي قليلة دوماً»، والسخرية (ص 55) «إحدى الأمنيات الخالدة.. أن أدخل وطني المسلوب والمسدود محملاً بالهدايا وأخرج فوق الهامات ملفوفاً برداء الوطنية» و(ص 57) «أصنع كلماتي المنسوجة في الليل وفي الصمت كي لا أصاب بطعنة غادرة»، والتفاؤل (ص 253) «إذا تناساني أقرب الناس وجعلوني خبراً قديماً... جاءني وطني الجديد بكأس وزهرة». وقد يوظف كاتبنا القرآن (ص 280) «أصعد... الليل والجرف... والويل»، و(ص 11) «ولا تمش في الأرض مرحاً إنك

لن تخرق الأرض ولن تبلغ الجبال طولاً» (سورة الإسراء)، واللفظة العامية/ الدارجة كالبرمة والمعكرونة (ص 201).

وتعتمل في جسده الإبداعي (أشتكي.. للقمر...!) معاجم متنوعة أهمها: الموت والانكسار والحرب والثورة والأدب والأصوات والألوان والبشر والحيوان والسماء والأرض والأنا والآخر والعرب والغرب، وهي ثنائيات جعلت نصوصه وسعت الإنسان وهمومه المختلفة في هذا العالم السريع زماناً الضيق مكاناً.. وقد نجد أدبينا مهدي غلاب يتلاعب بالحروف (ص 320) (ت.. صاعد... ت.....!) (آ.آ........ ي)، كذا جمعه لصيغ صرفية موحدة (الإرث – الروث – الحرف – الحرث) والجمل التامة والأخرى المختزلة المحذوفة بعض العناصر (ص 204) «يتهافتون... على مساحات القلب... المنكوبة»، «الغبن... والجبن... وسمات أخرى...!» كما تتفاوت الضمائر: أنا (ص 102)، نحن (ص 99)، هو (ص 101)، أنت للمؤنث (ص 101)، هم (ص 104)، هي (ص 97)، هن (ص 141).

ومهما يكن من الأمر فإن أقاصيد (أشتكي.. للقمر...!) للكاتب التونسي المتألق مهدي غلاب مستطرفة تبخترت بثوب قشيب بهي لم يألفه القارئ العربي، فجمعت الشعر والنثر والقصة، وأحاطت بمعاناة الأنا ومأساة الوطن ونفاق الإمبريالية وأذنابها مصافحة الحكمة والمأساة والملهاة والقرآن واليومي والعامي والأعجمي (ص 62) (كولون الفرنسية) في نصوص قصيرة برقية تكتنز مجازاً وعدولاً وانزياحات ضمت بحنو أم رؤوم في أعطافها لوحات ملونة رمزية يعسر فك شيفراتها.. فما يكتشفها إلا «الذين تبصروا وما يلقاها إلا ذو

حظ عظيم من الفهم والتأويل».. ولكن تظل لأقاصيد الكتاب عوائق ومطبات في طريق نمائها وزهوها وبهرجتها.. فإلى العوائق.

3 – في عوائق أقاصيد «أشتكي.. للقمر...!»

في هذا الركن من البحث نتلمس الجناح الثاني للنقد الذي يهمله عديد الدارسين لعوامل مختلفة، فيتحول النقد جراء تركه إلى نوع من المغازلات للنصوص ومجاملات لأصحابها، فلا تحصل الإضافة ولا تتطور التجربة القادمة للكتاب والفنانين عموماً.. فلذلك قلت في عديد المناسبات الصحفية، إن النقد كطائر ذي جناحين لا يحلق إلا بالانفتاح على العوالم المضيئة الشعشاعة، تثميناً للمنجز الإبداعي وعلى الزوايا المظلمة حتى يتدارك الكتّاب ما فاتهم في أعمال أدبية قادمة.. وليس عجيباً أن يتخلل الخطأ والخلل لأعمالنا لأننا بشر، فيحسن بنا الإنصات إلى الناصحين على مرارة ما يدلون به من حقائق لنورانية قلوبهم وحججهم وبراهينهم.. ومن هذا المنطلق سنبحر في الزوايا المعتمة – حسب رأينا – ومنهجياً رأيتها متشظية إلى طبيعة الإبداع (الأقصودة ج أقاصيد) وما تثيره من ارتدادات، وما تحمله من هنات، وإلى النسيج الإبداعي الذي بين يدي / كتاب «أشتكي.. للقمر...!».

أ – في مشكلية الأقاصيد:

لا يختلف اثنان في أن هذا الضرب من الأدب حديث، وهو في طور التجريب.. فينهض حيناً ويسقط آخر، ناهيك عما تحدثه جدته من احترازات واستفهامات ومعارضات وانتفاضات عند القراء لامتشاجه

بفنون أخرى، بل لانبثاقه (في مزاوجة هجينة بين السرد والشعر، أو بين القصة القصيرة جداً وقصيدة الومضة) والتعبير للروائي التونسي في مقدمة الكتاب (ص 20)، وقد أطال في هذه الارتجاجات وعواملها وآثارها النفسية جملة من الدارسين الذين نثروا كل آرائهم في الشبكة العنكبوتية في مبحث الأقصودة، فيقول الكاتب علي الراعي مشيراً إلى صعوبة تمييز هذا الجنس «لأن ما يزيد العلاقة اشتباكاً بين القصة والقصيدة هو استمرار اللعب اللغوي بوصفه عنصراً مهماً في كتابة القصة القصيرة جداً بفتنة اللغة المجازية التي تجمع بين شاعرية القص والقيمة الجمالية إلى الحد الذي سماها بعضهم (الأقصودة) لما لها من تماس يكاد يقترب من المطابقة مع قصيدة الومضة، ولا سيما قصيدة (الهايكو).. فهذا المزج العجيب والتماس الشفيف جعل القارئ يشعر بالعجز والعسر في التمييز بين هذه الأجناس الفنية كلها (القصة القصيرة جداً وقصيدة الومضة والأقصودة) لاحتفاء الجميع بالمجاز والاستعارات والتكثيف، بل لانفتاحها الوفير على بوابة السرد والحكي».

يقول الكاتب مهدي غلاب (ص 65) من كتابه: «قال لي ضابط الحالات: ما العنوان؟! قلت: حالتي ملآنة والقلب مشقوق.. أبيت في كل وطن أحضره..»، هنا نرى النص أقرب إلى فن السرد في احتفاله بالحوار والاختزال والتكثيف.. ويقول أديبنا التونسي (ص 69) «حل... وزيرنا الهمام.. ببيتنا... ارتعد.. الحمام!»، وفي (ص 84) «إذا غاب عنا الخبز وانتهى اشتكِ لجبل أصم أين ذهبت عظمتك؟!!»، إنها القصة القصيرة جداً في اتكائها على السردية والترميز والتورية التي

تجعل النص منفتحاً على بوابات عريضة من التأويل.. وإننا نتساءل في غير مواربة: ما الفاصل بين كل هذه الأجناس الإبداعية؟ أليست كلها جسداً واحداً عند قارئ لافظ للغموض والتعمية...؟

ب – مطبات «أشتكي.. للقمر....!»:

إن الناظر في هذا الكتاب الطريف الضخم في عدد صفحاته، يتساءل في جرأة في صفحة 13 الخاصة بالإهداء، لم تأخرت كثيراً على غير عادة الكتّاب الذين عودونا بمصافحة الإهداء قبل منتوجهم، ويتحير القارئ أيضاً لم احتوى على إهداءات سبعة طويلة غامضة في جمعها (الوطن – الموطن – المسكن – الأب – الابن – الناسين – الفرحة) وهو إهداء إشكالي حقيقة يزيد الكتاب طرافة وغموضاً.

وكذلك مشكلية (علامات الكتابة) أعني النقاط – أساساً – تلك التي صنعت للتبيين لا لزيادة الغموض.. وقد نثرها أديبنا مهدي غلاب في كل الصفحات تقيداً بنهج حديث عند الشعراء والكتاب في هذه العقود المتأخرة.. و«علامات الكتابة» جعلت للتوضيح.. فالنقطة دالة على نهاية الجملة أو الفقرة، والنقاط الثلاث دالة على الاسترسال، والنقطتان تدلان على حذف واختزال.. فيحق لنا التسآل: هل الكتاب المعاصرون واعون بوظيفة التنقيط، أم إنها أشبه بلعبة عندهم يرمونها في كل منعطف ويضعونها في كل زاوية سعياً منهم ورغبة في التجديد، ولو على حساب المنطق ودلالات الكلام...؟

وقد تسرّبت إلى الكتاب أخطاء – جلّ من لا يسهو – ولا يخلو منها

كاتب لإجهاد الكتابة وعسر صناعة الكتاب وقلة المراجعة وفقدان هيئة في مطابعنا تعنى بمعالجة الأخطاء، وهي 50 خطأ بعضها عروضيّ (ص 17) ونحويّ (ص 17)، وصرفيّ، وفي الرّسم (لا تمشي – لا تفي – تنموا – تغدوا – الضّمآن – ماءا...)، وتركيبي (ينبئ إلى).. وهي اختلالات يمكن تداركها لا تفسد بهاء الكتاب ولا جدية الكتاب وبحثه عن مظاهر الحداثة في الأجناس الأدبية المعاصرة.

وأخيراً، ما يلفت نظرنا كثافة الشروح التي لا تخلو منها صفحة تقريباً، وهذه الوفرة أفسدت في مجملها بهاء النص، وضيقت من دوائر القراءات والتآويل.. بل أرى أن كلمات كثيرة في «أشتكي.. للقمر...!» للكاتب التونسي مهدي غلاب مثل (علياء – فلم – التالية – بحق – الآتية – الندى – السرد – وبال – خبأ – الألمان – جحود – البرنامج – الغول – المهدورة – العندليب – نهاية – المال – اشتعل...)، بل قد نفسر الكلمات تفسيراً خاطئاً مثل (سفوح: أعالي) (ص 129) والسفح هو أسفل الجبل. وأعتقد أن كاتبنا التونسي لو تركها لكان أجمل، ولكان نصه غنيّاً بالترميز، وتلك لعمري تناقض وقع فيه: فالأقصودة معتمدة على التكثيف والانزياحات والتفسير يضيقها، بل يقطع أجنحتها التي تحلق بها في سماوات الجمال والبهاء.

ومهما يكن من الأمر فإن كتاب «أشتكي.. للقمر....!» محاولة بكر في تونس، خاصة في النبش في ضرب جديد من الإبداع.. هو رحلة انتهجها الصديق مهدي غلاب إمتاعاً لنا وإسهاماً في ولادة الطريف المستطرف.. هو غضبة فنية على السائد عساها تصنع جنوناً وعجباً.

الخاتمة:

في نهاية تطوافنا في كتاب «أشتكي.. للقمر....!» للأديب التونسي المتألق مهدي غلاب، لا يسعنا إلا أن نؤكد عسر الإمساك بهذا الصنف من الإبداع لتشظيه بين جبال قصيدة الومضة، وبحار القصة القصيرة جداً وانبثاقه من أرحام الجميع هجيناً طريفاً ممتعاً مخاتلاً مراوغاً معانقاً طاعناً القارئ العربي الذي يميل إلى التقليد معترضاً رياح التغيير مخوناً أصحابها؛ ولذلك تبدو مهمة أديبنا التونسي هو وإخوانه من مبدعي الأقاصيد عسيرة صعبة مستصعبة لنفور الذائقة العربية من الوافد مهما تعملقت جمالياته وتعاظمت.. ولنا أن نرصد جملة من الملاحظات تلملم أطوار رحلتنا النقدية في أحشاء أقاصيد مهدي غلاب في كتابه البكر:

1 – يظل الكتاب نهجاً جديداً باحثاً له عن موطئ قدم في الساحة الأدبية، قد يكون له الخلود والنماء، كما قد يتخطّفه الضّمور والانحلال والفناء ككل إبداع وافد.

2 – في الكتاب الذي تناولناه بالدرس عناق عجيب بين عوالم متباينة: القصيدة العمودية وقصيدة التفعيلة والنثر والأقصودة والقرآن والحكمة واليومي والعامي والأعجمي والتعليق والشرح والنقد واللوحات الرمزية الست عشرة.. عناق بين عالم الحروف والألوان.. عالم الأدب والرسم.. فإذا الريشة حرف مبسام، وإذا الحرف رسم ضحوك، وكلا العالمين يحمل لغزاً وتكثيفاً وسراً أي سر!

3 – لا يسعني في نهاية رحلتنا إلا أن نشكر الأديب التونسي

الصديق مهدي غلاب في مصنفه الإبداعي الذي يعجز تصنيفه لزئبقية الجنس الأدبي المستحدث في المشرق العربي في العراق أساساً، وفي المغرب العربي في المغرب وتونس.. ولعل للصديق مهدي غلاب صاحب الأقاصيد الخمسمائة «أشتكي.. للقمر...!» الفضل في هذه الدراسة النقدية التي أبحرت مع وفي جسده الفني الحديث.. حقاً إن الأدب الحق هو المولد الحقيقي للسؤال العبقري الصادم المخلخل لآفاق الانتظار وتوقعات القراء في بلادنا العربية عصرنا الراهن، عصر الصورة وطيرانها العالمي، وما يصاحبها من أذواق وقراءة وتقبل جمالي مختلف عما عهدناه. فالكتاب الجميل مواد للأسئلة والقراءات والاستفهامات التي تخلده، وتعبر به إلى أقاصي العالم في سرعة العواصف وبطش الأعاصير.. إنه من سحر الحياة التي يقول فيها شاعر الخضراء أبو القاسم الشابي بيته الذائع الصيت على بحر الخبب: إن سحر الحياة خالد لا يزول.

المصادر والمراجع:

1 ــ كتاب «أشتكي.. للقمر....!» للكاتب التونسي: مهدي غلاب، ط 1، دار رسلان للطباعة والرسم، سوسة، يوليو 2015م.

2 ــ مقال إلكتروني بعنوان «بعد القصة القصيرة جداً قصيدة الومضة الأقصودة» للناقد المصري علي الراعي، جريدة النور، عدد 607 (بلا تاريخ).

3 ــ في تعريف الأقصودة، لمهدي غلاب الصفحة الإلكترونية، «معين المعلم في التربية التشكيلية».

4 ــ محاضرة «في حوار السـردية والشـعرية في القصص القصيرة جداً للأديب محمد الغزالي»، سبتمبر 2016م للأديب التونسي أحمد المباركي.

ثريا النصّ والمغاني والمباني والتناصّ في قصيدة «نمنمات على عظام سنّمار» للشّاعر محمّد عمّار شعابنية

القصيدة: «نمنمات على عظام سنّمار»

«رأنا بَنّاءْ

يدي من طينةٍ خضراءْ

وقَلْبي لا يَحُطُّ على بِساطٍ داكنٍ أخْضَرْي

إذا وَشّى الرّبيعُ الأرْض

بالأعشابِ والبَسماتْ

وحُلْمي أن أرى الأشياءْ

تُوازي بعضَها في رَوْنَقِ الأشْكالِ

والألْوانِ والنّغَماتْ.

وُلِدْتُ إذَنْ

وبين أصابعي شَهْوَهْ

تُؤَرّقُني

إذَا لمْ أغْتَنِمْ مِمّا أمَسُّ

سلاسةَ الرّعَشاتْ

على كُلِّ الشّفاهِ وفي

زوايا الرّغْبةِ الحُلْوهْ

وحين خرجْتُ من لَبَن الأمومةِ

جامحَ الخُطُواتْ

رأيْتُ طفولتي تكْبُرْ..

كنهْرٍ دافِقٍ تكبُرْ..

ككلِّ رجولةٍ تكْبُرْ..

وكان أبي

يقولُ إذا رسمْتُ خطايَ فوْقَ ثرى

توَثَّبْ يا فتى وانْظُرْ إلى أعلى

لأنَّ التَّحْتَ دوْماً يُرهِقُ البَصَرَ

وثِقْ في مَنِ يبوحُ بأنّ أرْضاً

لا تطول الجَوَّ تُغْرِقُ أهْلَها في الماءْ

وأنّكَ ذو يدٍ

إنْ لَمْ تُخَوْشِنْ كَفّها

تبْقى هي السّفْلى.

وداعَبني فضَاء اللهِ

فامتدّتْ رؤوسُ أصابعي

تسْتقْطِف الأقمَارْ

وقالوا: يا سِنِمّار!

لكَ البِلّوْرُ والأبنوسْ

لك الآجُرُّ والأحجارْ

فشكّلْ مِنْ صلابَتِها المَفاتِنَ ترْقص المُدنُ

وتسْقُطْ آخِرُ الأكواخْ.

وصار الحُلُمُ يكْبُرُ في عيونِ النّاسِ

صِرْت أنا نَبيّاً في شوارِعِهِمْ

ومعْجِزتي قُصورٌ.. زخْرُفٌ.. أقْواسْ

وحجْم رسالتي يكبُرُ

كعاصفةٍ تُغَرْغَرُ في فم الصّحْراءْ

فيمشِّي الخَلقُ بين بصيرتِي ويدِي

إلى كَبِدي

وأُبْدِعُ ما أشاءُ وأُكْمِل الإنْشاءْ

وأسمَعُ في دمي صوْتي

أنا بنَّاءْ

أُشيّدُها القُصورَ على

نشيدِ الله للإنسانْ

وأحْبُسُها الممالكَ بين أسطالي وملْعَقَتي

وأعلِنُ كَدْحَ مِطْرقتي

ودُسْتوري اغْتِيالُ الموْتِ بالتَّعْميرْ

وجُنْدي الماءُ والأسمَنتْ

وفي برنامجي السَّكَنيِّ أن أبْني

لكُلَّ مُواطِنٍ بَيْتْ.

وللحُكَّام ما غنموا

ضحايا هُم إذا ماتوا

وأغْوالٌ إذا حَكَمُوا

لهمْ ما يُنْتِجُ الفلّاحُ والملّاحُ والكدّاحْ

وأثوابُ الحِدادِ وزينةُ الأفراحْ

وفي كُلِّ البِقاعِ لكمْ

تَشَنّجُهُمْ

ودفْعُ ضريبةِ الأتعابِ والأنسابِ والدّمْ

وواجبُ طاعةِ الرّاعي

لذلك فَرَّ أتباعي

وحاصرني فضاءُ الشّهْرَةِ المُرّهْ

صرَخْتُ: أنا الفتى المَنْبوذُ

حالتْ دُون مُعْجِزتي

ودُوني وحْشَةُ البيْداءْ

ولمْ أقْدِرْ على تدْشينِ سقْفٍ يرْحَمُ الفُقَراءْ

مِنَ المَطَرِ المُبيدِ ومنْ طَشيشِ الليْلةِ القَرّهْ

إذنْ، مَن يشتري بحْرينِ منْ عَرَقي؟

ببَحْرٍ يُدْخِل التاريخَ في جَرّهْ

وفي بحْرٍ يرى عُمْرَهْ

طويلاً شامِخاً كسَماءْ.

وزلّتْ صرْختي من بيْن أسناني

كثلْجٍ لامس الصّوّانْ

وها أنا مِنْ جديد أُبْعَثُ الآنْ

بِعُمْقِ الهَمّ عبْر تناسخِ الرّوحِ

شريداً، جائعاً، مُتَمزّقاً، عُرْيانْ

أُحاورُ في الأماسي أنهُجَ المُدُنِ الصّديديّة

بأتْعابي

كأضواء المصابيحْ

وأدْعوكُمْ إلى سمَري

فتطْردُكُمْ بيوتٌ طِينُها مِنْ مَعْدَنِ الرّيحِ

فأعْرِفُ أنّ أمْثالي

لهُمْ ما لي

من الجوعِ البِلاديّ المُدَمِّرِ

وانفجارِ القَهْرْ

وأعْلَمُ أنّ كُلّ مدينةٍ فرّتْ سواعِدُها

إلى جغْرافيا الخُبْزِ المُكابِر

لمْ تزَلْ في الأسْرْ

يُقاضيها شبابٌ مُرْهَقٌ حائرْ.

غريبُ الدَّارْ

يُلَمْلِمُ جُهْدَه المُنْهارْ

فتسْحَقُه المهاجِرُ مثْلَ سُنْبُلَةٍ

ولا وطَن، له، يحْمي

ولا جارْ

غريبُ الدَّارْ

يُحَمِّلُكُمْ سحاباً من قضاياه

ويبحثُ عن تفاصيل العلاقة

بين خيْط الرَّوح والبَدَنِ

ويسْألُ: يا تُرى مَن خطَّ لي قدَري

....

فهذا اللغْزُ حيَّرَني

وفاجأ عالَم التشْريع

والتَّنفيذِ

والقانونْ

ولمْ يُعْرَضْ على استفتاءْ

ولمْ يذْهبْ إلى تفْسيره الفُقهاءْ

إذنْ.. أنا لسْتُ مجنونْ

ولمْ أكْفُرْ

ولمْ أهْوَسْ

ولمْ أخْرُجْ على القانونْ

وحَظّي مُتْخَمٌ بشراسة العَمَل

....

غريبُ الدّارْ

يُحاصرُكم بحبْلٍ من قضاياهُ

ودوْماً في حناياهُ

يُدَوْزِنُ عِشْقَه الوطَني

ويعْزِفُ في خبايا القلْب

سُنْفونيّةَ الغائبْ

سلاماً يا سوَاد العيْنِ

128

لوْ تعْلو على الحاجِبْ

تغيّر عادة الأحداث في الدّنْيا وتقْلُبني

وتنسبني

إلى أفُقٍ إراديّ وتُخرِجني

منَ الشّبق الذي أحياهْ

لأنّي ظامئٌ تَعِبْ

ووجْهي بلّه الذُلّ

ولي جوعانِ:

جُوعٌ يأكل الأفراحَ في زمَني

وجُوعٌ هاربٌ منّي

إلى وطَني.

دَمي..

يا أيّها القاني..

ترفّقْ بي..

ولا ترْكبْ على مِحني..

ولا تطلُبْ من الميراثِ

حقَّ الدَّفْنِ والكَفَنِ!

فأنت الآن تعلَمُ أنَّ هذا العالَم الزّاني

يَتَكْنِج آلياتِ الموْت

والضُّعفاء مُخْتَبَرُ

وأرضُكَ حظُّها الخطَرُ

وقَلْبك فوْقَها قَبرُ

وخوْفُك تحْتَها كَفَنُ.

أتعْرِف ما الذي أعنيهْ؟

أم أنَّكَ سوْفَ تبقى هائماً كالتّيهْ؟

تُشاكسُني..

وتُحْرِجُني..

فأصرَخُ إنّني بنّاءٌ

وكُلّ حضارةٍ مَرّتْ

لها شرْخٌ على كفّي

وصار عليَّ أن أحتارْ

لكيْ أختارْ

أقاليمَ العذابِ وجمْرَةَ الأوْجاعْ

لأسْقِيَ في عروقي نخْلةَ الإبداعْ

وفي ما أشتهي أمضي إلى حتْفي

لأنّي لا أجِيدُ الرّعْيَ في أرضٍ

يطاردُ صمْتُها الأمطارْ

وتربطُ عنزةَ البتْرولِ

والفُسْفاطِ

بالدّولارْ».

- توطئة:

يقول الشاعر العراقي الكبير سامي مهدي في تعريف الشعر والقصيدة: «إن الشعر عندي مزيج من الرؤية والحلم والذاكرة، وكتابة القصيدة مزيج من الوعي واللاوعي، والقصيدة حدث جمالي موضوعي يحدث في اللغة داخل اللغة وداخل العالم، هو في ظني ضرب من الميتافيزيقا، وهو يذكرني بمعتقد عبراني قديم يوم كان العبرانيون يعتقدون بأن متنبئيهم (وهم شعراء) ممسوسون بروح إلهية توحي إليهم وتنطق بأفواههم» (انظر الصفحة الفيسبوكية لسامي مهدي sami Mehdi).

ولذلك كان الشعر جماع عوالم تتعانق فيه الأكوان كأجمل ما يكون

العناق: عالم الإيقاع وعالم الصور بعالم البناء، وتتعالق النصوص وتتناص أزهى تناص.. وذلك ما تبيناه ذات إبحار في الكون الشعري للشاعر التونسي محمد عمار شعابنية – وهو مواليد مدينة «المتلوي» المنجمية في الجنوب التونسي سنة 1950م – من خلال قصيدته الموسومة بـ«نمنمات على عظام سنمار» التي ضمها في حنو ديوانه الثالث «غبار الوقت» الذي صدر 1994م.. وعليه سنتناول قصيدته الآنفة الذكر باعتبارها مكتنزة عوالم مختلفة يعتمل في أحشائها سحر أنغام وبهاء تركيب وأضواء صور وكونية معاجم وتواشج نصوص بديعة؛ لذلك سنرتحل مع ثريا القصيدة/ العنوان وفيها راكبين مطايا المغاني والمباني وتعالق النّصوص.

1 – ثريا النصّ/ العنوان:

بوابات النصوص الإبداعية العناوين بلا شك، فهي أولى قبلاتنا للنصوص الأدبية، ومن خلالها نلج وسط النسيج الفني الذي حاك خيوطه النورانية المبدع؛ لذلك يرى النقد الحديث بوجوب مصافحة العناوين ومغازلتها، وهو ليس من زخرف القول كما يرى البعض، بل هو ذات منفصلة متصلة – في آن واحد – بالنصّ الإبداعيّ.. وعنوان قصيدة الشاعر التونسي محمد عمار شعابنية، هو «نمنمات على عظام سنمار»، وهو يستبطن عوالم بديعة لا تتيسر لنا مشاهدتها إلا بمساءلة العنوان ومعانقته.. وثريا النص الشعري/ العنوان ورد – تركيبياً – في شكل جملة اسمية محذوف أحد عناصرها، وما الحذف أو الاختزال إلا لعبة فنية ينتهجها المبدعون المعاصرون الذين يولون

العناوين كبير اهتمام باعتباره العتبة الأولى أو التيمة البكر، فيجعلونه مشوقاً مثيراً وما الحذف إلا مسلك من مسالك الإثارة، ومبعث عوالم جمالية تفوق الإحصاء.. وبنية الجملة تامة (هذه القصيدة نمنمات على عظام سنمار).. وعليه كان العنوان (خبراً لمبتدأ محذوف) وإذا ما درسنا ثريا النص الشعري من حيث نوع ألفاظها نلمح الكلمات الأربع متراتبة كما يلي: (اسم مؤنث ورد جمع سلامة + حرف جر دال على الاستعلاء والظرفية المكانية معاً + اسم جمع لعظم + اسم علم غير عربي)، وعليه تراءت لنا بنية العنوان محتفية بالأسماء بمعدل ثلاثة أرباع، والأسماء للتعريف والتوصيف والإخبار وكذا القصيدة لاءمت العنوان فكانت محتفية مخبرة وواصفة ومعرفة فتراكمت فيها الأسماء أكثر من غيرها، كما سنتبين لاحقاً.. وتبدت لنا ثريا القصيدة محتفلة بحرف الميم وقد وردت (4) مرات، وحرف النون المكرور (3) مرات، وحرف العين المكرور (2)، وحروف التاء والظاء والراء التي وردت (1) مرة واحدة بمدود ثلاث (3)، فعدد حروف العنوان والحركات/ الفتحة الطويلة (15) وهو انتصار لصيغ الجمع (نمنمات – عظام) على المفرد (سنمار) هو مغالبة النمنمات لسنمار/ انتصار عالم الكتابة والإبداع على الهزائم والأوجاع.. والنمنمات: جمع نمنمة من جذر رباعي دال على التكرار والمبالغة، وإذا ما عدنا إلى المعجم نتبين أن: (نمنم: زخرفه ونقشه وزينه – والنمنمة: فن التصوير الدقيق في صفحة أو بعض صفحة من كتاب مخطوط – والمنمنمة: التصويرة الدقيقة التي تزين صفحة أو بعض صفحة من كتاب مخطوط – الوشي الصغير اللطيف) (انظر المعجم في اللغة والأعلام، ص838 – ط 33، دار المشرق، لبنان، 1992م).

وفي العنوان تنتصر النمنمات الفنية على جثة سنمار المأزوم، فتتضح من البداية ثنائية الإبداع والأوجاع.. ولكن من «سنمار»؟ ورد في الأمثال العربية القديمة (جزاه جزاء سنمار) وحال استنجادنا بـ«المنجد في اللغة والأعلام» يسعفنا ببعض إسعاف دون تفصيل.. يقول المنجد في قسم الأعلام (ص 311): (سنمار: مهندس بنى الخورنق للملك النعمان بن امرئ القيس اللخمي، فلما فرغ من البناء ألقاه الملك من أعلى فسقط ميتاً وضرب به المثل: جزاه جزاء سنمار)، وورد المثل في كتاب «الأمثال» للميداني، المثل رقم (828)، وفي كتاب «المستقصى في أمثال العرب» للزمخشري (ج 2، ص 52) قوله: «أراد النعمان ملك الحيرة أن يبني قصراً ليس كمثله قصر يفتخر به على العرب، ويفاخر به أمام الفرس، وحيث إن ابن سابور ملك الفرس سيقيم بهذا القصر، ووقع اختيار النعمان على سنمار لتصميمه وبنائه، وزعموا أن سنمار كان رجلاً رومياً مبدعاً في البناء، استدعى النعمان هذا المهندس وكلفه ببناء قصر ليس له مثيل يليق بالملك النعمان، فاستغرق سنمار في تشييد القصر عشرين سنة، وأطلقوا عليه الخورنق، وكان الناس يمرون به ويتعجبون من حسنه وبهائه، وجاء النعمان ليعاين البناء، فقال سنمار له: أما والله لو شئت حين بنيته جعلته يدور مع الشمس حيث دارت، فسأله النعمان: إنك لتحسن أن تبني أجمل من هذا؟؟ ويقولون إن سنمار قال له: إني أعرف موضع آجرة لو زالت انقض القصر من أساسه، فقال له: أيعرفها أحد غيرك؟؟ قال: لا، قال: لأدعها وما يعرفها أحد غيرك فأمر به فقذف من أعلى، فقضى».. فقال أحد الشعراء ململماً أطراف المثل في الأبيات التالية على بحر الطويل:

جزانـي جزاه الله شــر جزائـه

جــزاء ســنمار وما كان لــه ذنب

ســوى رصّه البنيان عشرين حجة

يعلــى عليهـا بالقراميد والسكب

فلما انتهـــى البنيــان يوم تمامه

وصار كمثل الطود والباذخ الصعب

وظـن ســنمـار متى تـم أنــه

يفــوز لديــه بالمــودة والقــرب

فقال اقذفوا بالعلج من فوق شاهق

فهذا ــ لعمر الله ــ من أعظم الخطب

وعليه كانت ثريا القصيدة محتفية بالمثل العربي باعثة السردية الجاهلية بأثواب معاصرة حبلى بقضايا مجتمع شاعرنا التونسي محمد عمار شعابنية.

2 ــ المغاني:

إنّ المعاجم القديمة لا تسعفنا في تعريف المغاني إلا ما يحيل إلى المباني الجميلة ونحوها، والغانية هي المرأة الحسناء التي تستغني بجمالها عن الحلي، ولعل المغاني تحيل بطريقة أخرى إلى الأغن والغنة والغناء، وهذا المعنى هو أقرب إلى بغيتنا (انظر معجم «المنجد في اللغة والأعلام» ص 560).. والمغاني مصطلح فني أكاديمي نثر

طيبه أستاذ الأجيال التونسية توفيق بكار في كتابه «شعريات عربية» عند مغازلته نونية الشاعر العربي القديم بشار بن برد، ومطلعها:

وذات دل كأن البـــدر صورتهــا

باتت تغنـــي عميد القلب ســـكرانا

وأثناء تطوافه في شرايين رؤية مصطفى خريف.

وعليه كانت المغاني متعلقة بالغناء وموسيقى القصيدة. أي ما يجعل من النص الشعري ترانيم موسقة يترنم بها في نغم أخاذ يسر السامعين والقارئين. وإذا ما نظرنا في قصيدة «نمنمات على عظام سنمار» – التي وردت بين الصفحات: 6 – 19 من ديوان شعابنية «غبار الوقت» الذي طبع 1994م طبعة أولى بدار بيدبا بتونس في سبعين صفحة – فإننا نلمح في قراءة بصرية طول القصيدة، معلنة مهارة في السبك وعمق إبحار وطول نفس شاعرنا / البحار، وقد نسجت في شكل قصائد التفعيلة متجاوزة القصيدة العمودية ذات الأبيات المتعامدة. ومنذ البدء يعلن شاعرنا انتصاره للحداثة الشعرية في توزيع الأنفاس الشعرية، فأبحرت قصيدة شعابنية في 160 سطراً بوتيرة الوافر وتفعيلته (مفاعلتن) تتالت 362 مرة تقارب ستين بيتاً وتفعيلتين.. ومن هنا ندرك طول نفس القصيدة وعمق غوصها، فلو كانت قصيدة عمودية لكانت أشبه بمعلقة.. وقصيدتنا لبست جبة قصائد التفعيلة التي كانت ميسم الشعر العربي الحديث الذي أجمعت الدراسات النقدية على انطلاقتها مع الشاعرين العراقيين المتألقين: السياب صاحب رائعة «أنشودة المطر»، ونازك الملائكة.. فأمسى النص الذي نعانقه الآن موسيقياً محتفياً بتفعيلات موحدة إيقاعياً

136

تقريباً بمقاطع خمسة تترى كما يلي: [مفاعلتن = مقطع قصير + مقطع طويل + مقطع قصير + مقطع قصير + مقطع طويل]، ولئن تمرد شاعرنا التونسي محمد عمار شعابنية على القصيدة العمودية في استقلالية البيت نغمياً، وفي تصريع المطلع، وفي توحيد الروي/ الحرف الأخير، وفي الالتزام بقافية موحدة (والقافية هي الحركة الطويلة قبل الحركة الأخيرة التي تنتهي بها الأبيات الشعرية)، فإنه احتفى بالنغم الداخلي محتفياً بظاهرة التدوير (م) التي أوجبها تسلسل الأسطر 160 الشعرية التي ضمتها قصيدة شعابنية «نمنمات على عظام سنمار»، فوردت ظاهرة التدوير (م) عنده 22 مرة ما يقارب ثمن القصيدة، حرصاً منه على إيجاد رباط عضوي لمفاصل النص الشعري الذي نتناوله في هذه الدراسة النقدية مثل قوله:

«وفاجأ عالم التشريع (م) والتنفي (م) // (م) والقانون»..

فنلمح هنا تتالي ظاهرة التدوير (م)، وإن كنا نقر بأن شاعرنا التونسي محمد عمار شعابنية يحتفل بـ«استقلالية الأسطر الشعرية» موسيقياً في أغلب قصيدته 138 سطراً قرابة سبعة أثمان النص الشّعري.. وإذا ما تتبعنا تفعيلات القصيدة 362 نلفيها تتوزع كما يلي:

1 – مفاعلتن: بتسكين اللام 240 وهو بمثابة زحاف تتالى فيه ثلاثة مقاطع طويلة بعد المقطع القصير. 2 – مفاعلتن: بتحريك اللام 122. وكذلك عندما أحصينا مقاطع النص الشعري الذي نبحر في أرجائه الآن وجدناها 1569 مقطعاً متوزعاً كالتالي: 1 – مقاطع طويلة: 963. 2 – مقاطع قصيرة: 606، فنلحظ احتفاء شاعرنا بالمدود سعياً منه إلى التنغيم والترنم والتكثيف الإيقاعي.. وبصرف النظر عمّا يورده

العروضيون من جوازات وما يضبطونه من ضوابط صارمة في تفعيلة بحر الوافر (مفاعلتن)، وأنه لا يجوز انتهاؤها بمقطع متناهي الطول (حرف + حركة طويلة + حرف)، فإن شاعرنا التونسي شعابنية حريص على ختم جملته الموسيقية بها في مواضع متعددة إثباتاً للتنغيم والترنم.. وبصرف النظر عما يطرأ على «بحر الوافر» من تغيير أي من زحافات وعلل وأهمها (مفاعلتن: بتسكين اللام + مفاعتن: مقطع قصير فطويل فقصير فطويل + مفاعلت: مقطع قصير فمقطعان طويلان فمقطع قصير + فعولن: مقطع قصير فمقطعان طويلان) وما يستكرهه العروضيون أو ضابطو الأوزان، أو يقبحونه أو يجوزونه، فها هو شاعرنا التونسي ميال إلى المقاطع متناهية الطول في واحد وخمسين موضعاً في قصيدته «نمنمات على عظام سنمار»، وتوزعت باحتفائه بـ 1 – الفتحة الطويلة: (أنا بناء – خضراء – سنمار – ولا جار – غريب الدار...) = 45. 2 – الضمة الطويلة (القانون – الأبنوس – القانون – مجنون) = 4. 3 – الكسرة الطويلة: (التعمير – المصابيح) = 2، ولا يختلف اثنان في اهتمام شاعرنا بالحركات المفتوحة أساساً حتى لتخال قصيدته بوابة مشرعة على الجمال والنشيد، والفتحة ترمز للشموخ والتغريد وطول النفس في الغناء.. ومن هذا المنطلق كانت سواكنه وإن سبقتها حركات طويلة قد أفاضت على قصيدته رونقاً وجعلتها بديعة مغنى موسقة ثرة ثرية إيقاعاً.

وتجلّى ثراء القصيدة في القوافي المتعددة (قانون – تعمير – خضراء) إسهاماً من شاعرنا في ترقيص الإيقاعات وفق أنساق

متباينة كأنها استراحات ذوقية ونفسية لقارئه وسامعه، ويتأكد لنا ذلك من خلال شهادته هذه على تجربته يقول محمد عمار شعابنية: (الشعر رسالة.. وأنا أؤمن بالتواصل العاشق بين الشاعر والمتقبل، لذلك أحرص على اختيار ما ينمق نصوصي حتى عندما تكون مواضيعها يائسة بائسة، وقد شهد لي الجامعي والناقد الدكتور محمد صالح بن عمر، بقوله: «وهو لم ينفك يأخذ ألبابنا بقصائده ذات القيمة الفنية العالية»).

ويمكن أن نلاحظ – في غير عناء – ونحن نجوب أرجاء إيقاع القصيدة تعدد الأروية، حتى تبدت هذه الأسطر ذات ترنيمات وفيرة النغم بديعة الموسيقى.. فلم يقتصر شاعرنا على حرف واحد ثائراً على القصيدة الكلاسيكية في وحدة رويها.. وأروية القصيدة التي بين أيدينا متنوعة تنوعاً كثيفاً يلفت الانتباه وفرة.. وأغلب الحروف التي اعتمدها شاعرنا محمد عمار شعابنية توزعت كما يلي: 1 – حرف الراء في 32 مرة بحركات متنوعة أيضاً (الخضر – أحتار – الدولار – يكبر – الأحجار)، 2 – حرف النون في 24 مرة متنوع الحركات أيضاً (الصوان – حيرني – الكفن – أسناني)، 3 – حرف الهمزة في أكثر من 11 مرة في صورة واحدة بهمزة ساكنة وقبلها مدود (الصحراء – الأشياء – الفقراء – بناء)، 4 – حرف التاء في 11 مرة تقريباً مختلفة حركاته (الرعشات – موتي – مرت)، ونلمح حروفاً أخرى أقل ظهوراً وإشراقاً في النص الشعري مثل الهاء (أعنيه – التيه)، وحرف العين (أتباعي – الإبداع)، والحاء (الكداح – الأفراح)، والباء (الحاجب)، والخاء (الأكواخ)، والفاء

(كفي)، والياء (الدنيا).. تقريباً استوعبت الأروية نصف الحروف الهجائية، وإنا نقر بأن أغلبها ساكنة بعد مد، وكل هذه الأروية جعلت القصيدة أشبه بجوقة موسيقية كثيرة المقامات متعددة الأصوات؛ لأنها تجمع بين الحروف الشفوية (الباء والفاء) والحلقية (الهمزة والعين) والمجهورة كالراء والمهموسة كالحاء والخيشومية كالنون.. فما أبدع تلك الأروية في تنوع مخارجها وصفاتها!! وتلك لعمري من أجمل ما جاد به الشعر الحديث نغماً وإيقاعاً.. وتترى في أحشاء القصيدة صيغ صرفية متعددة أيضاً تحيل إلى ثراء النغمات وأهمها: أفعال (أشياء – أكواخ – أشكال – أوجاع)، وفعلات (رعشات – نغمات – بسمات)، وفعال بتشديد العين (بناء – كداح – فلاح – ملاح)، وفعلان (عريان)، وفاعول (قانون)، ومفعول (مجنون)، وفعلاء (خضراء).. وكلها حالة تردادها تخلق سيمفونية أخاذة ساحرة ماتعة تثري إيقاعات القصيدة الشعابنية داخلية كأجمل ما يكون الإثراء.. ولئن صيغ النص الشعري «نمنمات على عظام سنمار» ضمن قصيدة التفعيلة متجاوزاً قصيدة البيت من حيث نظام الأسطر المتفاوتة كمياً في عدد الكلمات والجمل الموسيقية والنحوية والمقاطع، فإنه يتقاطع ويصافح القصيدة العمودية محتفلاً بنغمات داخلية مثلها تؤكدها أساساً ظاهرة (اللازمة الشعرية): (أنا بناء – أنا بناء – أنا بناء) التي تبخترت في ثوب صيغة المبالغة ووردت في الأسطر (1 – 47 – 152) محاولة تحقيق بداية جديدة متجددة لإيقاعات القصيدة لكأنها تخلق نبضات وليدة تستمر بموجبها دماء النص الشعري.. ومن هذه الزاوية تعانق قصيدة محمد عمار شعابنية القصيدة العمودية، فتأخذ منها بعض طيوبها من خلال ترداده للازمته الشعرية (أنا بناء) الآنفة الذكر، وينبني إيقاع القصيدة

داخلياً من خلال الجمل الموازية في عدد الكلمات، أو في تشابه في تركيبها مثالنا على ذلك: سلاسة الرعشات جامح الخطوات أو حروفها مثل: رأيت طفولتي تكبر كنهر دافق يكبر ككل رجولة تكبر، أليست كلمة «تكبر» المكرورة ثلاثاً بمثابة روي في قصيدة رائية عمودية؟ وكذلك: (مطرقتي – ملعقتي/ الغائب – الحاجب/ الأوجاع – الإبداع / أحتار – أختار/ تشاكسني – تحرجني/ الفلاح – الملاح – الكداح/ الراعي – أتباعي...) كل هذه الكلمات متوازية في الحروف، بل في الوزن أو القافية، حتى لنخال أننا أمام قصيدة عمودية موفورة الأروية، وما ذاك إلا رغبة من شاعرنا التونسي محمد عمار شعابنية في توفير أكثر ما يمكن من النغمات فتتراءى لنا قصيدته أقرب إلى جوقات موسيقية جميلة تكون إشارة انطلاقتها اللازمة الشعرية التي نشبّهها – هنا – بقائد الأوركسترا الذي يهزها بيديه البارعتين ليحدث الإيقاع والإمتاع.

3 – المباني:

سنتناول – هنا – بناء القصيدة «نمنمات على عظام سنمار» وتراكيبها وجملها واشتقاق كلماتها وصيغها الصرفية والصور البلاغية؛ لنتبين من خلالها مضامينها وهندستها الداخلية والديناميكية التي تحركها.. وأثناء تتبعنا الدقيق للجمل ألفيناها 43 جملة، توزعت كما يلي: [ج ا + ج ا + ج ا + ج ا + ج ف + ج ف + ج ا + ج ف + ج ف + ج ف + ج ا + ج ا + ج ا + ج ف + ج ف + ج ف + ج ف + ج ف + ج ف + ج ف + ج ا + ج ف + ج ف + ج ا +

ج ا + ج ا + ج ف + ج ف + ج ف + ج ا + ج ا + ج ا + ج ف].

وقد رمزنا للجملة الفعلية بـ (ج ف) وقد وردت 18 ج، والجملة الاسمية بـ (ج ا) التي برزت 16، فنستنتج تساوياً تقريباً بين أنواع الجمل، فكأن شاعرنا محتفٍ بالأحداث والصفات على حد سواء، وأثناء إحصائنا للجمل المركبة ـ متعددة النوى الإسنادية ـ لاحظنا أنها 19 جملة: (10 ج ا م) + (9 ج ف م) والجمل البسيطة ـ ذات النواة الإسنادية الواحدة ـ تبينا أنها 15 (11 ج ف ب + 4 ج ا ب).. فنكتشف أن شاعرنا التونسي ينتصر للجمل المركبة الحبلى التي تقوم على جملة مقول القول، سواء أكانت فعلية أم اسمية مثل (فأصرخ إنني بناء / غريب الدار يحاصركم...).

وأقصر جملة فعلية: (ولم أهوس) ولم تتجاوز سطراً واحداً.. وأطولها: (وأسمع في دمي.. لذلك فر أتباعي) واستغرقت 20 سطراً أو أقصر جملة اسمية (أنا بناء) في مفتتح النص الشعري ولم تتعد سطراً واحداً.. وأطولها (غريب الدار.. تحرجني) واستغرقت 34 سطراً، ولذلك تبدو لنا الجمل الاسمية طويلة نسبياً استوعبت أسطراً طويلة، وكلتا الجملتين الفعلية والاسمية المركبتين تضمنتا الحوارية ضمن سردية أشبه بهتافات داخلية تدفع الشاعر إلى التعبير عن رفضه للظلم الاجتماعي في تونس الخضراء، خاصة إذا ما علمنا من شهادة له خصني بها ـ فيسبوكياً ـ في مناسبة إنشاد القصيدة يقول: (وقصيدة «نمنمات على عظام سنمار» تتواصل من 6 إلى 19 ص، وقد استوحى الشاعر موضوعها في شهر أغسطس 1985م من أحداث طرد العمال التونسيين من ليبيا بعد تأزم العلاقات بين البلدين).

والجمل الاسمية التي ضمتها أضلاع القصيدة تتناسل تركيبياً من خلال جملة مقول القول، أو ما يشبهها: «ويعزف في حنايا القلب.. سلاماً يا سواد العين // غريب الدار. يسأل.. // فأصرخ: إنني بناء // صرخت: أنا المنبوذ.. // وكان أبي يقول.. // وقالوا: يا سنمار // وأسمع في دمي صوتي: أنا بناء // ويسأل: يا ترى من خط قدري».. تتصادى جراء جمل مقول القول أصوات متنوعة لأبي الشاعر وللشاعر ودم الشاعر وللجماعة معلنة صراعاً داخلياً وديناميةً في شرايين القصيدة، وبإحصائنا لعدد كلمات القصيدة ألفيناها (682) كلمة نالت الأسماء نصيب الأسد بـ (356)، والأفعال دونها (116)، وأما الحروف فأغلبها للعطف أو للجر (210)، ولا عجب أننا نجد احتفاء الشاعر بالأسماء التي من أبرز معانيها التعريفات وإثبات الأخبار والصفات.. فقوله (أنا بناء) مثلاً إحالة إلى تعريف مضمخ بالفخر والمعاناة معاً.. أفليس الشاعر بناء للقصيد وصوتاً جهورياً للعمال والبنائين و«الفلاح والملاح والكداح» حسب تعبيره في نصه الشعري...؟

والنظر – بإمعان – في التراكيب تبدو له متفاوتة العدد والوفرة: المركبات الإضافية (113)، المركبات الجرية (74)، المركبات العطفية (26)، وآخرها المركبات النعتية (13)، فقلما يخلو سطر شعري من مركب إضافي جامع بين اسمين أو اسم وضمير متصل به (سلاسة الرعشات – عالم التشريع – جامع الخطوات – كبدي – خطاي – تفسيره)، وهو الغالب في النص الشعري أو بين ظرف واسم (بين خيط الروح والبدن) وهو قليل جداً، ومن هذه الزاوية نكتشف كثافة الأسماء والضمائر التي غالباً ما ترتبط بالمتكلم المفرد

(أنا)، مثل (ملعقتي – وطني – قدري – محني – زمني – كفي – يدي – حتفي)، وقد تتصل هذه الضمائر الكثيفة بأفعال أيضاً (تسحقه – يحملكم – يقاضيها – صرخت – حاصرني – صرت – أشيدها – داعبني – خرجت – تؤرقني)، أو بحروف جر (لكم – لي – له).. فلا يختلف اثنان في كثافة الضمائر، سواء المرتبطة بشاعرنا أو بالحكام المستبدين أو بإخوانه الكادحين، مما ولد علاقات متضادة في آن، ومتآلفة في آن آخر في قصيدته.. أي إن الضمائر إنما هي إشارة صريحة لثنائية التواصل والتفاصل بين الشاعر وغيره.. ونجد التفصيلات والانتقال من المجمل إلى المفصل في المثال الأول، وفي المثال الثاني يتراءى لنا المركب البدلي كشمس ليس يحجبها سحاب.. في قوله: «إذن، من يشتري بحرين من عرقي ببحر يدخل التاريخ في جره وفي بحر يرى عمره طويلاً شامخاً كسماء»، وقوله أيضاً «ولي جوعان جوع يأكل الأفراح في بلدي وجوع هارب مني إلى وطني» هي (جوعان: جوع..) يفيد المركب البدلي التخصيص والتفصيل، وقد توسل به الشاعر الجاهلي للانتقال من المجمل إلى المفصل، ومن العام إلى الخاص، أو من الكل إلى الجزء، ومثالنا على ذلك قول الشنفرى في «لامية العرب»:

ثلاثـــة أصحـــاب: فـؤاد مشـيع
وأبيـــض إصليت وصفـــراء عيطل

وقول طرفة بن العبد في معلقته:

ولـــولا ثلاث هن من عيشـــة الفتى
وجدك لـــم أحفل متى قـــام عودي

فمنهــن سبقي العاذلات بشــربة

متــى مــا تعل بالمــاء تزبـدِ

وكــري إذا نادى المضـاف محنبأ

كسـيد الغضـا نبهتـه المتـوردِ

وتقصير يوم الدجن والدجن معجب

ببهكنــة تحـت الخبـاء المعمـدِ

فالمركب البدلي يضفي في النص عمقاً في المعاني، وتفصيلاً في المضامين، فيجعل معاناة الشاعر وهمومه ماثلة للعيان، يكاد القارئ يلامسها، ويسمع دويها، ويستنشق غبارها.. وجمل القصيدة 34 كلها خبرية تحتفي بالأعمال والصفات، ولكنها حبلى ببعض الجمل الإنشائية، اقتصرت الأعمال اللغوية فيها على الاستفهام والنداء، ولم تتعداها إلى غيرها، ففي الاستفهام يقول: «من يشتري بحرين من عرقي؟ - أتعرف ما الذي أعنيه ؟؟»، وفي النداء يقول: «يا سنمار - يا أيها القاني» وعليه يكاد النص يخلو من الجمل الإنشائية لاهتمامه بالإخبار والتوصيف.. وفي القصيدة الشعابنية التي بين أيدينا هيمنة للجمل المثبتة: «رأنا بناء غريب الدار يحاصركم - فأصرخ إنني بناء - وكل حضارة مرت لها شرخ على كفي - وأبدع ما أشاء - وأكمل الأشياء» على المنفية «لم أكفر - لم أهوس - لم أخرج على القانون»، ولذلك كانت القصيدة متأسسة على الإثبات والوجود والنضال والمقاومة: مقاومة الشاعر لأدواء مجتمعه، ومقاومة الكادح القوانين الجائرة التي تجهض الآمال والأحلام.

وإذا ما انتقلنا إلى ضفة الصرف والاشتقاقات وصيغ الأفعال فإننا نقر بوفير اشتغال الشاعر التونسي محمد عمار شعابنية، كأفضل ما يكون الاشتغال، وفي ذلك دلالة على نضج تجربته الشعرية.. فنلمح اهتمامه بكلمات جديدة معاصرة مثل: (دوزن – يتكنج) و«دوزن» بمعنى: شد الأوتار المرتخية (انظر معجم المعاني في المعجم الوسيط في Google)، و«تكنج» من التكنولوجيا، وهي اشتقاق حديث يساوق عصرنا الراهن، وكذلك كلمة «تخوشن» المستنبطة من الخشونة وشظف العيش ومكابدة العمال الحياة البئيسة بالأيادي الخشنة المتحجرة، وللفعل صدى في المدونة الإسلامية الحاثة على الجهد والصبر وتحمل مرارات الدنيا وقسوة الواقع العربي، كذلك لها صدى في المخيال الشعبي الذي لم تغيره أوهام الغرب، فيظل يمتدح الرجل الخشن باعتباره رمزاً للرجولة والبطولة والأصالة.. وكذلك في تعريفه للظرف: تحت في قوله «لأن التحت دوماً يرهق البصر»، وفي ذلك إشارة لطيفة إلى رغبة جامعة عند شاعرنا في تفجير معان جديدة وأوزان مستحدثة تلائم حرائقه المعاصرة.. وعندما بحثنا في الكلمات التي وردت في صيغة المذكر ألفينا (158) كلمة تقريباً، والمؤنث (53)، أي بنسبة الثلث، والكلمات التي وردت في صيغة الجمع (60) والمثنى (بحرين – جوعان = 2).. وعليه نتبين احتفاء ناسج القصيدة للمفرد دلالة على الافتخار والمصابرة والمكابدة للحكام الظالمين والقوانين والظروف العصيبة التي يصادمها العامل العربي/ البناء في بلداننا التي تغتال الإنسان الكادح، وتختلس رغيفه.. فهل عجيب أن يصدح شاعرنا – بلا مواربة – في صراحة مُرة مريرة فاضحة سياسات القهر: «فأنت الآن تعلم أن هذا العالم الزاني يكتنج

آليات الموت والضعفاء مختبر وأرضك حظها الخطر وقلبك فوقها قبر وخوفك تحتها كفن»، والأفعال في القصيدة «نمنمات على عظام سنمار» (114)، كما أشرنا سلفاً توزعت كما يلي:

نالت الأفعال المضارعة النصيب الأوفى بـ (82) مثل: (يحاصر – يدوزن – أصرخ – يطارد – تربط...) بعدها الأفعال الماضية أقل وفرة (25) مثل: (حير – فاجأ – خط – فرت...)، ثم الأفعال المسندة لصيغة الأمر (7) مثل: (توثب – انظر – ثق – ترفق...)، وعليه بات شاعرنا التونسي منتصراً للأفعال المضارعة الدالة على الاستمرارية والثبات وعدم انقضاء الحدث، وهو مسلك انتهجه ناسج القصيدة بوعي ليؤكد مقاومته للظلم الاجتماعي وانتصاره لقضية العمال التونسيين دفاعاً عن حقوقهم إزاء تغول الساسة ورعونتهم يقول شعابنية: «رأنا بناء أشيّدها القصور على نشيد الله للإنسان وأحبسها الممالك بين أسطالي وملعقتي وأعلن كدح مطرقتي ودستوري اغتيال الموت بالتعمير وجندي الماء والأسمنت...».

ونلفي أيضاً شاعرنا التونسي قد نثر من المشتقات الاسمية ما يثبت نضج تجربته الشعرية، فتجلت المشتقات، كالتالي:

المصادر (134) مثل: (العذاب – الإبداع – الخطر – الموت – الكفن – سلاماً – جوع) وهي دالة على الحدث غير المقترن بالزمن، ومن هنا عاضدت الأفعال في القصيدة في احتفائها بالحركة، فهي بمثابة محرك لا تنقطع زمجرته المزلزلة، لكأنها متتبعة الصدام العنيف بين الشاعر وواقعه بين العمال والحكام المستبدين بين الكداح

والقوانين الجائرة المتخذة الموت شعاراً.. وتلي المصادر في الوفرة
«الصفات المشبهة» التي وردت (24) مرة تقريباً بأوزان مختلفة
تحيل إلى الصفات الثابتة أو الألوان أو المحاسن أو العيوب مثل:
(غريب – ظامئ – تعب – الخضراء – أخضر – نبياً – طويلاً
– شامخاً – شريداً – عريان) وتتلو الصفات المشبهة «اسم المرة»
(13) مثل: (رغبة – شهوة – المرة – الشهرة – الليلة – القرة)،
كما نلفي صيغ المبالغة الدالة على الشدة والكثرة والقوة قد وردت
(8) تقريباً منها: (بناء – الكداح – الملاح – الفلاح)، كما نجد
بعض «أسماء الآلة» مثل: (مطرقتي – ملعقتي) وهي محيلة إلى
عالم البناء والتعمير والتشييد أساساً فتبدى جراءها شاعرنا التونسي
متبنياً مشاغل العمال، صداحاً بمفاخرهم، رساماً لهمومهم الاجتماعية
والنفسية، وتلك لعمري من أبرز مهام الشعر؛ لأنه رسالة وأكرم بها
من رسالة حسب ناسج هذه القصيدة!! وكل هذه الأسماء المشتقة التي
ظهرت لنا متنوعة خلقت في رحم النص الشعري خلقاً جديداً ينبض
بالحياة والتمرد والغليان: غليان قلب الشاعر التونسي حنقاً وثورة
على المظالم الاجتماعية التي يرزح تحت وطأتها الكادح العربي في
نهايات الألفية الثانية (1985م) زمن طرد العمال التونسيين من ليبيا
أساساً كما صرح شاعرنا شعابنية آنفاً.

وإذا ما انتقلنا إلى القسم البلاغي في قصيدة «نمنمات على عظام
سنمار» للشاعر التونسي محمد عمار شعابنية، فإننا نلاحظ كثافة
الصور الفنية وهي قوام القصيدة ومصدر بهائها، بل هي لب الشعر،
وإلا تحول إلى نظم سخيف؛ فلذلك حري بناسج القصيدة أن يبحث

في كيفيات القول وعن الحلم، وأما «المعاني فملقاة على الطريق» يصل إليها البدوي والعامي وغيرهما، كما أشار الجاحظ قديماً.. والنقد الحديث يرى القصيدة جسداً واحداً لا ينفصل مطلقاً بوحدته العضوية، فأمسينا في المقاربات المعاصرة نتحدث عن القصيدة اللوحة باعتبارها ذاتاً واحدة لا تتجزأ عند شعراء كثر أبحروا في الحداثة الشعرية، ويمكن ـ بناء على ذلك ـ أن نرى قصيدتنا لوحة واحدة للبناء يقول شاعرنا شعابنية: «أنا بناء يدي من طينة خضراء وقلبي لا يحط على بساط داكن أخضر.. وحلمي أن أرى الأشياء توازي بعضها في رونق الأشكال والألوان والنغمات...»، ألا تبدو لنا القصيدة لوحة واحدة لبناء وتفاصيله وصفاته المادية والمعنوية؟ ومن ناحية تركيبية إجرائية تبدت لنا الصورة الشعرية في قصيدتنا التي أبحرنا في أنهارها وبحارها متأسسة على ثلاثة أضرب: 1 ـ الرموز والأقنعة. 2 ـ الاستعارات. 3 ـ التشابيه. فأما الرموز والأقنعة فأبرزتها تراكيب مثل: (أنا بناء ـ يا سنمار ـ يا أيها القاني) وهي ـ لعمري ـ تؤكد ذوبان شاعرنا في عالم العمال والتشييد والتعمير حتى إنه اتخذ من شخصية سنمار/ المهندس الرومي عصر الجاهلية قناعاً يثبت المهارة والعبقرية في فن الهندسة والمعمار، وفي المقابل يثبت أيضاً محنته وشقاءه وتجرعه لغصص الحياة من قبل الحكام صانعي المرارات والهزائم المادية والمعنوية المتلاحقة.

وأما الاستعارات فكثيفة جداً جداً، نوردها كما قدمها النص الشعري...

ـ خرجت من لبن الأمومة جامح الخطوات ـ أصابعي تستقطف

الأقمار – صرت نبياً في شوارعهم – عاصفة تغرغر في فم الصحراء – يمشي الخلق بين بصيرتي ويدي إلى كبدي – أسمع في دمي صوتي – أعلن كدح مطرقتي – اغتيال الموت بالتعمير – جندي الماء – أغوال إذا حكموا – حاصرني فضاء الشهرة المرة – من يشتري بحرين من عرقي – أحاور أنهج المدن الصديدية – تطردهم بيوت – انتحار القهر – كل مدينة فرت سواعدها – جغرافيا الخبز المكابر – يلملم جهدها المنهار – تسحقه المهاجر – يحملكم سحاباً من قضاياه – حظي متخم – شراسة العمل – يحاصركم بحبل من قضاياه – يدوزن عشقه الوطني – يعزف في حنايا القلب – سواد العين لو تعلو على الحاجب – وجهي بله الذل – جوع يأكل الأفراح – جوع هارب مني – يا أيها القاني – لا تركب على محني – يتكنج آليات الموت – الضعفاء مختبر – أرضك حظها الخطر – قلبك فوقه قبر – خوفك تحته كفن – للحضارة شرخ في كفي – أقاليم العذاب – جمرة الأوجاع – نخلة الإبداع – يطارد صمتها الأمطار – تربط عنزة البترول والفسفاط بالدولار.

وأمّا التشابيه فقليلة جداً ويغيب فيها وجه الشبه وهي: – طفولتي كنهر دافق – كعاصفة – كأضواء المصابيح – مثل سنبلة – هائماً كالتيه. ولا عجب أن ينتصر شاعرنا التونسي للاستعارة التي تدل على المطابقة بدل التشبيه المحيل إلى المقاربة والمشابهة، ففي الاستعارات يتماهى المشبه والمشبه به ويتلاحمان ويتحدان وتتأسس الاستعارات على «أنسنة الجوامد» (أحاور أنهج المدن – تطردهم بيوت – حظي متخم)، ولذلك كان النص الشعري الذي بين أيدينا

يعج بالصور الشعرية التي تتخطفها ثنائية الحياة والموت، أو الإبداع والأوجاع، أو سنمار والحكام، أو الشاعر والهموم الاجتماعية لأوطان العروبة العابسة.

وأمّا معاجم قصيدة «نمنمات على عظام سنمار» فتفوق الإحصاء لتعانق الأكوان الشعرية صلبها كأفضل ما يكون العناق، ويمكن أن نحاصرها في ما يلي من الجداول:

المعاجم	
بناء اخشوشن أشكال الأحجار الصلابة قصور زخرف أشيدها سنمار الممالك الحضارة أسطال ملعقتي مطرقتي بيت السكني الأسمنت الماء الملاح الكداح الفلاح ضريبة أتعاب كدح	العمل والكدح
طينة الربيع الأرض الأعشاب الأشياء نهر ثرى الصحراء المطر طشيش الليلة الصوان سحاباً حبل سماء عروقي	الطبيعة
العذاب تؤرق الموت الفقراء الجوع شريداً عريان غريب الدار مجنون تعب مرهق أهوس الأوجاع	الحزن
يدي فم كفي قلبي الشفاه الرعشات طفولة رجولة البصر العين الخطى الحاجب الإنسان أسناني الروح البدن	الإنسان
رسالة ترقص النغمات يعزف يدوزن رسمت رونق	الفنون
البسمات الحلم سلاسة زينة الأفراح	الفرح
الخضراء أخضر داكن الصديدية الألوان	الألوان
أعلى السفلى خرجت يتكنج دافق جامح توثب التحت تعلو هارب ترفق الأحداث	الحركة

الماء	الماء دافق بحرين نهر تغرق
الدين	الله معجزتي تناسخ الأرواح أكفر
الحرب	كفن دفن جندي ضحايا الأسر غنموا قبر اغتيال
السياسة	حكام القانون التنفيذ التشريع الدول مسؤول الراعي أتباعي
الجغرافيا	المدن البترول = الدول العربية الفسفاط = مدينة الشاعر المتلوي نخلتي = الجنوب التونسي

والناظر في معاجم القصيدة «الشعابنية» تتبدى له ثنائية الإنسان والكدح جلية استغرقت كل أسطر القصيدة تقريباً، وهي تيمة لامسناها في جل أشعار محمد عمار شعابنية الذي أوقف شعره خدمة للكادحين من مدينته وسائر مدن العروبة، فتراءى لنا نصه مهووساً بالعمل وما يرافقه من إبداع وأوجاع من بدايته إلى منتهاه.. ولا يختلف اثنان في أن كثافة المعاجم تكشف الثقافة الموسوعية للشاعر ونضج تجربته الشعرية، إذ تتراقص في قصيدته الأمثال والقصص (سنمار) وتتعانق مع الفسفاط والبترول والدولار في عصرنا الراهن، وفي ذلك إشارة لطيفة لاضطهاد الكادحين وابتلاع خيرات الوطن العربي، وهكذا تظهر لنا المعاجم تضامن شاعرنا مع العمال وصانعي الحضارات.. نعم باتت قصيدته صوت الهامشيين الذين سحقتهم نعال الحكام غير المعترفين بإبداعهم وأوجاعهم، فإذا شاعرنا سنمار، وإذا قصيدته نمنمات على عظام المهندس الرومي القديم الذي بعثه محمد عمار شعابنية من جديد، واتخذه قناعاً يرمز به لمعاناة الكادحين العرب في كل الأعصر.

4 – تعالق النصوص:

والمقصود بتعالق النصوص ارتباطها ببعضها بعضاً ارتباطاً وثيقاً، وتعالق على وزن (تفاعل) ومن أبرز معانيه المشاركة، فالتعالق دال على المشاركة في ربط العلاقة: علاقة قصيدتنا بغيرها من النصوص.. أي إننا سنرصد – هنا – ظاهرة التناص أو تعالق النصوص. فقد ورد في معجم «لسان العرب» لابن منظور الإفريقي في مادة (ن ص ص): «هذه فلاة تناص أرض كذا: تتصل بها وتناصى القوم ازدحموا»، وعليه فالتناص هو ازدحام النصوص.. والتناص حسب الناقد العربي محمود الرجبي – من الأردن – هو: «حدوث علاقة بين نص سابق ونص حاضر لإنتاج نص لاحق»، وهو حسب الناقد الفرنسي الشهير جيرار جينيت: «علاقة حضور متزامن بين نصين أو أكثر، وهو الحضور الفعلي لنص داخل نص آخر» (انظر صفحة الفيسبوك: محمود الرجبي، نادي الهايكو، بتاريخ 15 ديسمبر 2017م).. وفي الصفحة الفيسبوكية لرجاء الهرابي الكاتبة التونسية بتاريخ: 8 سبتمبر 2017م تقول: «يعد مبحث التناص مبحثاً أثيراً في الأدب عامة، لأنه يكشف عن تفاعل النصوص وتداخلها.. فالنص الابن يحاول دائماً قتل الأب وتجاوزه.. وحسب جوليا كريستيفا هذه العلاقة الأوديبية بين النصوص هي مولد الإبداع فلو كان استنساخاً أو نقلاً لانعدم» (من مقال رجاء الهرابي: «التناص بين مسرحية السد للمسعدي وأقصوصة إرادة لرياض جراد»). وفي الصفحة الإلكترونية: قصص أدبية، يوم 6 ديسمبر 2017م ينقل فوزي النجار – صاحب المقالة – قولة الناقد المغربي الكبير سعيد يقطين في تعريفه

للتناص: «أي نص ـ كيفما كان جنسه أو نوعه ـ لا يمكنه إلا أن يدخل في علاقات ما، وعلى مستوى ما، مع النصوص السابقة أو المعاصرة له»»، ومن هنا نتبين أن «التناص» هو تعالق النصوص وتداخلها استمراراً لمسيرة الإبداع الإنساني، ويقابله بالفرنسية (intertextualité).

والمتأمل في قصيدة «نمنمات على عظام سنمار» لشاعرنا التونسي محمد عمار شعابنية، يدرك تصادي النصوص فيها، وإن تخفّت بعضها كألطف ما يكون التخفي.. فمنذ العنوان/ ثريا النص تظهر لنا الأمثال والقصص العربية جلية للعيان بلا خفاء: يظهر لنا «سنمار» البناء الرومي مهندس (الخورنق) قصر النعمان زمن الجاهلية في رونق إبداعه وإنشائه، وفي نهاياته المأساوية، حتى ضرب به المثل في قلة الوفاء وفوران رياح اللؤم فقيل (جزاء سنمار).

وبهاء الفرقان تجلى بادياً للعيان في قصص الأنبياء الكرام أساساً، فمن خلال كلمة «سنبلة» ندرك قصة النبي يوسف عزيز مصر، عليه السلام، وقصة نوح بفلكه وبحره وطوفانه الذي يغمر المدن، يقول شعابنية: «وثق في من يبوح بأن أرضاً لا تطول الجو تغرق أهلها في الماء»، وكذلك قصة سليمان النبي وتشييده للقصور العجيبة.. قال تعالى: (قيل لها ادخلي الصرح فلما رأته حسبته لجة وكشفت عن ساقيها قال إنه صرح ممرد من قوارير) (سورة النمل آية 44)، وندرك ذلك من خلال قول شاعرنا: «لك البلور والأبنوس»، وقصة طوفان نوح، عليه السلام، تتقاطع معها «أسطورة جلجامش» في بلاد الرافدين قديماً في إغراق المدن.. وتظهر بوضوح قولة مشهورة

للمسيح أو يسوع في الأناجيل: «دعوا ما لقيصر لقيصر وما لله لله»، وقوله «وها أنا من جديد أبعث الآن»، وتتراءى لنا أيضاً مدونة الحديث النبوي جلية كأتم ما يكون الجلاء في قول الرسول الأكرم عليه الصلاة والسلام: (اليد العليا خير من اليد السفلى)، وقوله (أكرموا عمتكم النخلة)، فينشد شاعرنا شعابنية: «وأنك ذو يد إن لم تخوشن كفها تبقى هي السفلى»، وكذلك: «لأسقي في عروقي نخلة الإبداع»، وكذلك الحكم التي وردت على لسان الصحابة وأشهرها وأكثرها جلاء في القصيدة، قولة الخليفة الراشدي الثاني عمر بن الخطاب: (اخشوشنوا.. اخشوشنوا فإن النعم لا تدوم.. أو اخشوشنوا فإن الحضارة لا تدوم)، في قول ناسج النص: «وأنك ذو يد إن لم تخوشن كفها تبقى هي السفلى»، ومدونة «فقه المواريث» ناطقة في نصنا في إنشاد شعابنية: (ولا تطلب من المواريث حق الدفن والكفن)، ويمكن أن نتلمس صدى «الأمثال الشعبية» التي تنادي بأن «العين لا تعلو على الحاجب» رمزاً للطاعة والامتثال والخنوع في قوله: «سلاماً يا سواد العين لو تعلو على الحاجب»، ونتلمس «الديانة البوذية» من خلال قول الشاعر: «تناسخ الأرواح».. وتعالق قصيدة محمد عمار شعابنية بنصوص شعرية أخرى تطل برأسها في كثير حياء من خلال فكرة أن الشاعر نبي، وقد توارثها الشعراء.. فقديماً أنشد أبو الطيب المتنبي:

غريب كصالح في ثمود	أنا في أمة تداركها الله

وقال شاعر الخضراء أبو القاسم الشابي:

فهـــو فـــي مذهــب الحيـــاة نبـــي

وهـــو فـــي شـــعبه مصـــاب بمس

فليس من عجب أن يهتف شاعرنا: «صرت نبياً في شوارعهم»..
كذلك يتراءى لنا الشاب القتيل/ طرفة بن العبد البكري في معلقته
بقوله:

إذا القوم قالوا مـــن فتى خلت أنّني

عنيـــت فلـــم أكسـل ولـم أتبلـد

وقوله:

ومـــا زال تشـــرابي الخمور ولذتي

وبيعـــي وإنفاقي طريفـــي ومتلدي

إلـــى أن تحامتنـــي العشـــيرة كلها

وأفـــردت إفـــراد البعيـــر المعبـــد

فهل عجيب أن يصدح شعابنية: «رأنا الفتى المنبوذ»؟ ومهما
يكن من الأمر فإن للقصيدة الشعابنية آباء عديدين باعتبارها متعالقة
مع الفرقان من خلال قصص الأنبياء خاصة، ومع السنة النبوية
والأساطير والأمثال والسردية العربية ونصوص الأخبار النقابية
والسياسية والاجتماعية والشعر الجاهلي وأشعار المتنبي والشابي..
فلا غرابة أن تكون قصيدته بانوراما من الأصوات والأطياف
والأقراح والأفراح رسمها سنمار الشعر التونسي يتخطفه الإبداع
والأوجاع. يقول الأكاديمي والناقد التونسي محمد صالح بن عمر في
تجربة الشاعر محمد عمار شعابنية:

«هي قصيدة جديدة للشاعر التونسي محمد عمار شعابنية من القصائد الطويلة التي اعتاد استلهامها من الأزمات المتلاحقة بتونس.. ومثلما عودنا عليه في قصائده السابقة يغوص في صميم الواقع المأزوم، مفجراً ما انطوى عليه من أبعاد متداخلة يختلط فيها الذاتي بالموضوعي والسياسي بالاجتماعي والحاضر بالماضي مع الارتقاء في تصويره إلى درجة عالية من الألق الجمالي بالتوظيف المكثف للرموز ووسم اللغة بمختلف ضروب العدول» (انظر الصفحة الفيسبوكية للناقد التونسي: Mohamed Salah ben Omar – بتاريخ 11 يناير 2018م).

– الخاتمة:

وقصارى ما نصل إليه في نهاية تطوافنا في أرحـام قصـيدة «نمنمات على عظام سنمار» للشاعر التونسي محمد عمار شعابنية، متوقفين عند ثريا النص ومغانيه ومبانيه وتعالقه بنصوص أخرى من أجناس أدبية مختلفة، يمكن أن نرصد ملاحظات تلملم السابق، وتأتي بزهرات فكرية جديدة:

1 – يظل الشاعر صوت الجماهير ودمدمة المضطهدين عبر التاريخ، ينصت في حب وألم لأنين الكادحين، يرصد عرقهم وآهاتهم وضحكاتهم وخفقات قلوبهم ورجفان أضالعهم، ينصت لهسيسهم ونجواهم فينحتها نمنمات عاشقة مفجرة الدهشة، منتصرة لانكساراتهم، ومحولة هزائم سنمار العمال إلى أمجاد وقصائد شامخات، وترانيم باذخات تقارع الزمن، هازئة بالخطوب، ناثرة الطيوب.

2 – قصيدتنا التي عانقناها طويلاً يعتمل فيها سحر نغم وتيرة الوافر بتفعيلته (مفاعلتن)، المحتفية بالمدود رمزاً لنشيد الأبطال، كما ضمت في أعطافها رموزاً ونصوصاً أدبية وسياسية موغلة في البهاء، وإن كانت نبرتها تمور أحزاناً وقيوحاً، وكان شاعرنا التونسي جامعاً بين الذاتي والموضوعي، بين الوطني والعالمي، بصور شعرية بديعة مستحدثة، وألفاظ وليدة العصر، يتكنج الهموم، ويدوزن الأحلام في قصيدة تتراقص في أحداقها الأوجاع والإبداع.. وكذا الشعر مأساة في أنساق جمالية أو لا يكون.

3 – للشاعر التونسي محمد عمار شعابنية طابعه الخاص به في تتبعه لأنفاس الكادحين، منذ مسك القلم كان نشيد عمال المناجم، يفوح في أشعاره عرق الهامشيين والمقهورين اجتماعياً، يوغل في التاريخ يقتطف رموزه ليعلنها صوتاً جمالياً يقارع بها خطوب الواقع العمالي في بلاد العروبة الدامعة حتى لقّب بشاعر المناجم، بل ما انفك يجول في ركابهم وهتافهم حتى صنع مهرجانهم: مهرجان الحوض المنجمي.. على أن قصائد شاعرنا شعابنية لا تخلو من الصراع والسخرية المرة استئناساً بعادات أهله في الجنوب التونسي، وذلك ما نلمحه في تجربته الراهنة أساساً.. في قصائده الأخيرة خاصة، مثل (برك لضفادع عرجاء – سبع بقرات جياع لسبع سنبلات عجاف).

4 – ميسم الشعر المعاصر عموماً في هذه العقود الأخيرة الانطواء على الذات، وخفوت صوت الجماعة وهمومها فيه؛ لابتعاد المبدعين عن بحار القومية الجامحة في بدايات استقلال الدول العربية، بدايات البناء والفداء، ولعل مرد ذلك أيضاً لحجم المؤامرة والمسخ الذي

طليت به شخصية أغلب المثقفين أيضاً، فأمسى أغلب الشعراء في صور مراهقين، وإن بلغ منهم العمر عتياً؛ لاعتكافهم في شفاه المرأة وخصرها ورضابها، كأن ليس في واقعنا مهازل وزلازل، ولكن كان شاعرنا صوت أمته المكدودة المهدودة، لم تهزه أصوات «المراهقين المثقفين»، وقد أشار إلى ذلك الأديب العراقي الشهير عبد الرحمن مجيد الربيعي في مجلة «ألف باء» (طبعة شركة الزمان للصحافة والنشر – 2000م)، فيقول:

«وقد يبدو غريباً اليوم والقصيدة العربية تنكفئ إلى داخل المشاعر، وتتطرق في ذاتيتها لتتحول إلى عملية تنقيب في الأعماق، وأحياناً بنرجسية فائضة، حيث يعلو صوت الأنا ليكون المحور، كما يعلو رنين صبواتها وفيضاناتها وانكساراتها، أقول قد يبدو غريباً أن يخرج علينا شاعر مكتوٍ بالهمِّ العام، وما زال يتحدث عن الفقراء والكادحين ومشاغلهم، هذا ما يؤكده آخر دواوين محمد عمار شعابنية «غبار الوقت» الذي صدر قبل سنوات، ولم ينل ما يجب أن ينال».

5 – الشاعر التونسي محمد عمار شعابنية مهووس بالإبداع، راصد طوفانة الأوجاع لغاية الإمتاع، متقن مختلف الكتابة الشعرية.. فلئن أمتعنا شاعرنا شعابنية نغماً وصوراً ومباني ومعاني في قصيدة التفعيلة «نمنمات على عظام سنمار» – محط رحالنا في هذه الأسطر – والتي ضمها ديوانه الثالث «غبار الوقت» المطبوع 1994م، فها هو يسحرنا في قصيدة البيت الساخرة الحزينة التي نسجها، وعنوانها «برك لضفادع عرجاء» على بحر الطويل، مستحضراً الأوجاع والتاريخ والرموز أيضاً، يقول:

تنفس تراباً فالهواء ثقيل
فمـــا لـــك فيما أنت فيـه حلول

لقـد خُرّبـت آثـار قرطـاج بغتـة
وبانـت بحصـن القيـروان فلول

ولم يبق في «مطمور» روما وما حوى
سـوى سـنبلات قمحهـنّ نحيل

ولا زيـت فـي داري ولا فـي دياركم
فزيتوننـا هـذا النهـار بخيـل

فكـن واقفـاً جنبي فقربـك يا أخي
إلـى خطوة في سـيرها سـيؤول

ليدخـل فيـل الصبر من ثقب إبرة
ومن إبرتـي العرجـاء يخرج فيل

فيـا وطـن العشـاق إنـا حمائـم
نجنّ إذا تهنـا وضـاع دليـل

وليـــس لنـا إلاك في مـا أصابنا
وقد زاغ ظـرف متعب وكسول

المصادر والمراجع:

1 – محمد عمار شعابنية: ديوان غبار الوقت – قصيدة نمنمات على عظام سنمار – دار بيدبا، تونس، ط 1، سنة 1994م، ص 6–19.

2 – المنجــد فــي اللغة والأعلام – دار المشــرق، لبنان، ط 33، ســنة 1992م، ص 838 – 311 – 560.

3 – عبــد الرحمــن مجيد الربيعــي: مجلة «ألف باء»، شــركة الزمــان للصحافة والنشر، العراق.

4 – الميداني: كتاب الأمثال، رقم المثل 828.

5 – الزمخشري: كتاب المستقصى في أمثال العرب، ج 2، ص 52.

6 – الصفحة الفيسبوكية لـ 7 Mohamed Ammar Chaabnia

7 – الصفحة الفيسبوكية لـ Mohamed Salah ben Omar بتاريخ 11 يناير 2018م.

8 – الصفحة الفيسبوكية لـ Raja Harrabi بتاريخ 8 سبتمبر 2017م.

9 – الصفحــة الفيسبوكية: نــادي الهايكو – محمود الرجبي، بتاريخ 15 ديسـمبر 2017م.

10 – الصفحة الفيسبوكية لـ Sami Mehdi 11

11 – المعجم الوسيط – معجم المعاني، كلمة (دوزن) Google 12.

12 – الصفحة الفيسبوكية: قصص أدبية.

الخاتمة

وقُصارى ما نصل إليه في خاتمة تَطوافنا في أحشاء بعض النّصوص الشّعريّة التّونسيّة، أن نقرّ بالتّنوّع والثّراء في القصائد، من قصيدة مُثْرعة نغماً وقوافيَ، ومحتفلة باللّازمة الشّعريّة في قصيدة التّفعيلة عند الشّاعر محمّد عمّار شعابنيّة، إلى قصيدة النّثر للشّاعرين يوسف حنّاشي ووِداد الحبيب، إلى الأُقصودة للشّاعر مهدي غلّاب، وهذا التنوّع كشّاف انفتاح النّصّ الشّعري التّونسيّ على ما حوله من تيّارات عربيّة تسعى إلى استرجاع أمجاد القصيدة العموديّة، وتيّارات أخرى تُساير الحداثة والتّجريب الذي هو منبثق – في الغالب – من المدارس الغربيّة.. فكأنّ «القصيدة التّونسيّة» تستنشق عبير العُروبة كلّها، وأريج أوروبّا، بل كلّ رياحين العالم، خاصّة إذا ما علمنا أنّ في تونس من يكتبُ قصائد الهايْكو – متأثرة بنصوص الهايْكو اليابانيّة – ونصوصاً منفتحة على كلّ الأجناس صعبة التّصنيف.. ونحنُ، وإن اقتصرنا على نماذج من التّجارب الشّعريّة التّونسيّة في عمل يتفاوت طولاً وقِصراً، عُمقاً وسطحاً لأسباب مختلفة، منها إغواء بعض القصائد لنا كقصيدة الشّاعر شعابنيّة التي أبحرتْ بنا في عشرات الصّفحات من كتابنا النّقدي الثّاني هذا «أسئلة في الشّعر»؛ لأنّها ولّادة للمعاني، وقد صِيغت على تفعيلة الوافر، فإنّنا لا نَدّعي العِصمة من الخطل، كما لا نَدّعي الإلمام بعوالم الشّعراء الذين

صافحنا نصوصهم، باعتبار كثير منهم يرتحلون كما الفراشُ في رياض الشّعر قصد التّجريب والتّطريب أيضاً، ولكن حسْبُنا أنّنا عانقنا بعض أنوارِهم.. حسْبنا من القِلادة العُنُق.. وقد تساءل هذا السّفر عن علاقة الشّعر بالإعلان قديماً وحديثاً، كما رحلت بنا بدايات الكتاب مسايِرة ومصاحِبةً مسارات الشعر العربيّ من اللّغة إلى اللّوحة، أي من الشّفهيّة إلى الكتابيّة، وما يصاحب ذلك من تطوّر في القراءة واختلافية أذواق واستقبال القصيدة العربية لأجناس كانت بعيدة عنها، كالأمثال الشّعبيّة والأساطير اليونانيّة وغيرها.. وما هذه المقاربات للنّصوص الشّعريّة إلا محاولات القبض على ما لا يُمسك لزئبقيّة القصائد وتنوّعها وتمنّعها، كجَمل شرود يأبى الانقياد، وهو جُهد مُقِلّ حتْماً يحتاج إلى رافد أعظم – من أكاديميّين كي يلامسوا النّصوص الشّعريّة العربيّة في الألفيّة الثالثة ميلاديّاً – ليُزاح الغبار عن لآلئ شعريّة عربيّة لتظهر للشّمس سامقةً يانعةً ساحرةَ الضحِكات وضّاحة الجبين. فيا للعجبِ العُجابِ كيْفَ الإمساكُ بها ومعانقتُها وهي مخاتلةٌ كالأطياف والأضواء...؟! وإنّنا في نهاية أمرنا لا نملك إلّا أن نغازل القصيدة بكلمات عاشِقة للأديب اللّيبيّ جُمعة الفاخريّ في كتابه «عن الشّعر» ج 2، فيقول:

«الشّاعِرُ الْحَقيقيُّ صَاحِبُ شِعْرٍ لا يَنْتَهي بِالتَّقَادُمِ...! وقلبُ الشاعر لا يُكمَّمُ.. يموتُ وهو يعشقُ...! والقَصَائِدُ بُخورُ الأَعْمَاقِ.. إِنْ لَمْ تُصَدِّقُوا فَاشْتَمُّوا قَصِيدَةً مُذْهِلَةً ثُمَّ أَخْبِرُوني.. أصدَقْتُكُمْ...؟ شُكْراً لِلْقُلُوبِ اللّاهِجَةِ بِالْحُبّ أَلا حِينَ تُدَشِّنُ الْقَصِيدَةُ مِهْرَجَانَ شَغَبِهَا الْوَسِيمِ، تَزْرَعُ في الرُّوح خَلايَا عِشْقٍ جَدِيدَةً.. وَتُطْلِقُ فِي الْكَوْنِ شَلَّالاتِ فَرَحٍ خُرَافِيٍّ».

الفهرس